인천 시민 인천 정치

조휘각 지음

인간사랑

필자가 용인에서 출생하여 서울을 거쳐 인천과 인연을 맺은 지 어느덧 20년이 되었다. 이곳에서 연구하고 교육하고 봉사하며 살았으니 실로 인천은 나에게 많은 것을 베풀었다 하겠다. 나뿐만 아니라 선대 숙위공이 600년 전에 인천 서구에 가정이란 터를 잡고 일군 이후로 집안의 세대도 계속되고 있으니, 그 인연은 참으로 깊고도 길다. 이러한 이유로 인천은 나에게 제2의 고향이 되었고, 항상 이 지역을 위해 무언가 해야 한다는 마음의 빚을 지게 되었다. 하지만 할 수 있는 게 공부뿐인 서생이 할 일은 한 두 가지밖에 없었다. 결국 내가 선택한 인천 지역사회를 위한 봉사의 하나인 이 『인천 시민 인천 정치』란 책으로 인천 시민의 인천 이해와 통합을 돕자는 것이었다.

본고에서 인천 시민은 인천 광역시에 살고 있는 단순한 생활인을 넘어 권리, 의무, 책임의 참여자로서의 민주시민으로, 인천 정치는 인천 시민의 정치의식과 행태 논의의 중심 개념으로 설정되었으며, 다음과 같은 순서로 구성되었다.

Ⅰ장에서는 독자들의 인천에 대한 기본적인 이해를 돕기 위하여 인천에 처음 정착하여 살게 된 사람·집단과 이 지역을 "인천"(仁川)이라 부르게 된 시원(始源) 등을 추적하였다. 아울러 단순한 한 지역으로서의 인천이 정치와 연관을 맺게 되는 정치와 지리의 함수관계를 지정학적 측면에서 논구하였다. Ⅱ장에서는 현대 인천의 지방정치에 대해 논의함으로써 21세기 인천의 현재와 미래를 진단·예측해

보고, 이를 통해 민주시민으로서 인천 시민이 갖추어야 할 교양을 제시하였다. Ⅲ장에서는 설문조사를 활용하였다. 설문조사의 결과를 광역시 전체, 서구, 남구, 중구 순으로 나누어 수록하고, 여기에서 드러난 인천 시민의 정치의식을 검토・확인하였다. Ⅳ장에서는 인천 시민의 정치참여 행태를 확인하기 위하여 2002년 16대 대통령 선거, 지방자치단체장 및 의원 선거와 2004년 17대 국회의원 총선거의 결과를 분석하였다. 이와 함께 인천의 정치인도 각종 공직선거에 나타난 당선자를 중심으로 선거관리위원회 공적 자료에 근거하여 제시하였다.

이 책은 그동안 인천이 나에게 베풀어 준 것에 보답하고 봉사하는 마음으로 내놓는 것이다. 그러나 이러한 나의 의지를 모두 담아냈다고 자부하기에는 아쉬움이 많이 남는다. 앞으로 더욱 정진할 것을 약속하며 강호제현의 질정을 바란다.

끝으로 이 책이 나올 수 있도록 적극적으로 도와준 오기성 교수와 인간사랑 관계자 여러분께 감사의 마음을 전한다.

2005년 12월 인천대학교 연구실에서

저자 조 휘 각

contents / 차례

제 1 장

인천의 이해

인천은 우리 민족과 국가의 인(人), 물(物), 지리(地理)에서 중요한 위치에 있었으며, 지금도 그 위치와 역할은 계속되고 있다. 그러나 우리는 인천에 살고 있으면서도 정작 인천에서 사람이 언제부터 살아왔고, 인천이라는 이름(地名)은 어떻게 시작되었는지, 인천에서 정치와 지리관계는 어떠하였는지에 대하여 소홀하였다. 이에 본장에서는 인천 시민의 인천에 대한 이해를 돕기 위하여 첫째로 인천의 시원(始源)을, 둘째로 인천의 정치와 지리(政治地理)에 대하여 간결하게 정리한다.

Ⅰ. 인천의 시원

인천에 최초로 살기 시작한 사람과 인천이라는 이름(地名)의 시작(始源)을 찾아본다.

사람이 인천에 정착하기 시작한 것은 지금까지 확인된 바로는 지석묘가 출토된 계양산, 학익동, 주안동, 문학동 등지에서 시작하여 청동기시대에는 하나의 부족세력이 자리잡고 있었다.[1] 그 후 인천은 삼국 건국 초기에는 백제의 미추홀(彌鄒忽)이었으며, 고구려 장수왕 64년(475)에는 매소홀현(買小忽縣)[2]이었다가 백제성왕 29년(551)에는 백제의 영토가 되었고, 신라 진흥왕 14년(553)에는 신라의 영토가 되어 경덕왕 16년(757)에 소성현(邵城縣)—지금의 남양, 시흥, 과천, 양천, 인천이 하나의 권역이 되었다. 이같은 사실들은 『삼국사기』와 『세종실록』「지리지」를 통하여 인천 지역에 사람의 정착과 삶의 과정을 알 수 있다.

그 후 고려 현종 9년(1018) 소성현이 수주(樹州) 임내소속으로, 그리고 수주는 숙종대(1096-1105)에는 경원군(慶源郡)으로, 인종대(1122-1146)에는 인주(仁州)로 되었으며, 공양왕 2년(1390)에는 경원부(慶源府)가 되었다.

---

1. 이 인간 정착의 시기는 2004년 12월 현재에도 지금의 인천광역시 권역에서 앞의 시기 이전 정착의 자료와 사료가 나오고 있다; 『인천광역시사』(2002) 1, pp. 2-11.
2. 매소홀: 일명 미추홀-백제, 고구려대의 인천의 옛 이름-고려사 지리지. '미'나 '매'는 물(水)의 뜻이며 '홀'은 '성(城)'이나 골로 해석되고, 추나 소는 모두 사잇소리 'ㅅ'으로 풀이하고 있다.

조선왕조 태조 1년(1392)에는 경원부가 인주(仁州)로, 태종 13년(1413)에 이르러 드디어 인천군(仁川郡)이 되었다가 세조 6년(1460)에 인천도호부(仁川都護府)가 되었다. 고종 32년(1892)에는 인천부(仁川府)로, 그리고 1896년에도 다시 인천부가 되었으며, 1910년에는 일제에 의하여 부평의 대부분을 포함하는 부(府)가 되었다. 그 후 대한민국의 건국으로 1949년 경기도의 시(市)로, 1981년에는 인천직할시로 승격되었다. 1989년에는 김포군 계양면, 옹진군 영종면, 용유면 등이 포함되었고, 1995년 인천광역시로 승격되면서 강화군, 김포군 검단면을 포함하였다.[3.]

위도(緯度)상으로 보면 인천의 위치는 동경 124° 36′~126° 47′ 북위 36° 55′~37° 58′에 위치해 있으며, 면적은 964,53㎢, 총 인구는 260만 명에 이른다.[4.]

인천이라는 명칭의 성립과정을 보면 고려시대로 소급된다. 仁川의 인(仁)과 천(川)자 중에 인(仁)자는 고려 인종(1122-1146)대에 인종의 모후 순덕왕후의 고향이 됨으로 인주(仁州)의 인자가 붙여지고, 공양왕 2년(1390)에 이르러 경원부로 개칭 승격되었는데, 이는 인천이 7대 어향(御鄕)[5.]이었기 때문이다.

천(川)자는 조선왕조 초기 태조 원년(1392)에 인주로, 태종 13년(1413)에 이르러 모든 군이나 현에 '州'자가 들어 있는 고을을 모두 '山'이나 '川'자로 바꾸도록 되어 있었다. 이때 인주가 물에 가깝다 하여 주(州)를 천(川)자로 고쳐 '인천'으로 바뀌게 된 것이다. 이같은 과정

3. 『인천광역시사』 2002년, 전게서.
4. 「인천시의 이모저모 2000」,행정 간행물 등록 번호 54-6280000-000041-10) : 인터넷 검색 : 『두산세계대백과』, 2001, 참조.
5. 7대어향 : 고려 문종에서 인종에 이르는 7대 동안 인천이 왕의 외향(外家)이거나 왕비의 고향에 해당되기 때문에 붙여진 명칭이다.

을 거쳐서 드디어 인천(仁川)이라는 이름(地名)이 역사와 민족 앞에 나타났다.[6.]

인천이 인천이라는 이름을 처음 갖게 된 것은 지금으로부터 약 600여 년(서기 1413)이지만, 이미 이 이름을 갖기 전에도 인천은 우리 민족에게는 중요한 곳이었다.

인천은 일찍이 고대 삼국 태동기에 비류국(沸流國)을 개창한 개국(開國)의 땅이다. 인천은 고대 삼국 이래 사실상 항구의 기능을 하였던 도시이며, 한반도를 여는 개항(開港)지였다. 이같은 사실은 이미 서기 372년 능허대(凌虛臺)가 있었고, 고대 3국 고구려, 백제, 신라 때에도 한반도 내부는 물론 중국과 동아시아 대륙을 교류하는 교역항구의 길을 열었다.

인천은 고대로부터 국가의 성쇠를 가름하는 곳으로 전략 요충지였다. 이후 고려의 내부와 대륙과의 교류의 중심지로 기능하였고, 조선왕조 내내 관문역할을 하였다. 그 후에도 한국 근대화의 최전선기지역을 담당한 우리나라의 요충도시이다. 지금도 인천의 역할은 오히려 더 커져서 국제 공항기능까지 담당하는 항구도시이다. 이같이 인천은 크고 작음과 시·공(時間 空間)의 차이만 있을 뿐, 우리와 세계인의 나들목 역할을 하고 있다.

6. 『인천광역시사』 2002년, 인천의 지정학 : 『인천시의 이모저모』, 20002, 참조.

Ⅱ. 인천의 정치지리

새로운 천년을 여는 21세기에는 시민(民主市民)이 주체가 되며, 지방정부가 자치적으로 기능하는 지방정부 · 지방정치시대가 정착되어 가고 있다. 이와 함께 인천은 인천 자치지역을 바탕으로 하여 국제화 · 세계화 속의 중심으로 자리매김하기 위해 다각적인 노력을 기울이고 있다. 이와 같은 국내외적 상황을 볼 때, 인천시의 정치와 지리의 관계를 이해한다는 것은 인천의 오늘과 내일을 위하여 매우 긴요한 것이다. 따라서 다음은 인천의 정치와 지리에 대하여 살펴보고자 한다.[7.]

인천은 역사적으로 한반도의 정치 · 경제 · 지리 · 인문의 요충지이며, 오늘도 서울과 경기 등 수도권의 눈동자가 되어 새롭게 도약하는 동북아시아의 중심지역이다.

인천은 지리적으로 경기도 중서부에 위치하고 있는 광역시이다. 북(北)으로 개풍군, 황해도 연백군, 남(南)으로는 충남 서산에 동(東)으로는 서울시, 김포시, 부천시, 시흥시, 안산시, 서(西)로는 서해에 접하고 있다. 인천은 남북으로 잇는 한반도 서부의 중간지대이며, 황해에 접하는 한강 유역에 위치하고 있는 역사적 해양도시이다. 인천은 지정학적으로도 동북아의 중심도시로서 대한민국이 세계로 뻗어 나가는 선진기지로서의 기능을 갖고 있다.[8.]

인천은 한반도 중부에 위치한 개항지로 그 어느 지역보다 먼저 근

7. 『인천광역시사』, 3, 정치 편, 2002, 참조.
8. 인천광역시, 『시정백서』, 1999, p. 22.

대화의 길을 열었고, 대륙과 문물을 교류하는 등 전국적으로 전파하고 우리의 문물이 이 인천을 통하여 해외로 확대되고 있다.

정치·지리적 측면에서 볼 때, 인천은 역사적으로 한반도를 지배한 세력-통일한 세력은 서울과 인천으로 이어지는 한강유역을 장악한 세력이었다. 그 이유는 이 지역의 인적·물적 자원이 풍부함에서 기인한다. 그리고 지리적으로 한반도를 남북으로 연결하고 교류하는 중심적인 역할을 하는 곳이기 때문이다. 지금도 이 기능은 계속되고 있다. 이미 한강유역의 중요성을 알고 있던 우리의 선대들도 정치(政治)적 입지를 확보하기 위하여 이 지역(地域) 획득을 위한 쟁패가 계속되었었다.

삼국시대에는 고구려, 백제, 신라 삼국이 오늘의 인천에서 서울로 연결되는 중부 한강유역 장악을 위해 격렬하게 전쟁을 했고, 이 지역의 장악 여부에 따라 국가의 융성과 퇴조가 결정되기도 하였었다. 이때에 이 지역을 장악한 신라가 인천, 아산, 개성지역으로 연계되는 출입구를 확보하여 대륙국 당과 교류의 길을 열어 마침내는 정치적·민족적으로 최초의 삼국통일을 하게 되었다.

그 후에도 한강유역을 중심으로 발흥한 고려가 한반도를 재통일하고 전국을 총괄하게 된 것도 결코 우연일 수 없다. 이같이 한반도를 총괄할 수 있는 지리적 조건이 정치로 연결됨으로써 인천지역의 지리와 정치관계를 알게 한다.

고려의 새 교체세력 조선왕조도 이 지역에 자리잡고 시작하여 남북을 통치할 수 있었다. 이같이 조선왕조가 세계사에서도 흔치 않은 한 왕조 500여 년을 유지한 것을 성리학적 통치 이데올로기에서 찾기도 한다. 그러나 우리가 간과할 수 없는 또 하나의 이유는 조선왕조가 한강유역과 인천으로 연결되는 한반도의 중부지역이라는 지리적 조건을 최대화함으로써 가능했다고 보는 것이다.

인천으로 연계되는 한강유역에 대한 중요성은 근대조선을 침략하려는 제국주의 세력도 마찬가지였다. 이때 외국세력인 중・러・일도 항상 인천에서 시작하여 서울로 이어지는 인천과 관계되었고, 그 결과는 늘 우리 민족이 안아야 했던 역사가 있다. 조선왕조 말기에 이르러 외국세력에 의하여 최초로 개항한 곳도 인천이었다. 이 역사적 사건의 현장도 바로 오늘의 인천광역시 강화군이다. 1875년 일본이 일으킨 영종도 운양호(雲揚號) 사건 등 일련의 국제적 사건들은 1876년 일본의 강요로 개항을 하게 되었다.

이렇게 볼 때 비록 타율과 선택의 여부는 있지만, 인천은 근대 서구 제국주의 세력에 문을 여는 개항도시가 되어 인천의 성격이 단순한 국내도시에서 국제도시로의 변화를 예고하는 것이기도 하였다.

1876년 인천의 강화도에서 맺은 한・일 늑약 이후 1882년에는 미국과 수호통상조약을 맺게 되어 한・미 간은 역사적・정치적으로 숙명적 관계를 맺게 되었다. 이 과정에서 한・일, 한・미, 한・불 간의 전투가 모두 인천 강화에서 발생하였다. 결국 인천은 서구 근대화의 바람이 조선으로 들어오는 문이 되어 지리적・정치적으로 중요한 곳이 되었다.

이와 같이 인천은 조선왕조가 전통사회로부터 근대사회로 변화하는 과정에서도 항상 정치적・지리적으로 연결되는 지역이 되었다. 또한 제2차 세계대전 후 대한민국 수립 전후에 발생한 많은 정치적 사건과 전쟁의 시작과 해결에서도 인천지역은 늘 중요한 지역으로 자리하고 있었다. 마찬가지로 21세기가 시작되는 2006년 오늘에 있어서도 여전히 인천은 국제화・세계화의 물결을 흡수하고 배출하는 지역으로서 더욱 확대될 것이다.

지금도 분단된 한반도의 남북 간 경쟁에서 정치 · 경제에서 절대 우위에 있는 것도 서울에서 인천으로 이어진 지리적 · 정치적 관계임을 부인할 수 없을 것이다.

이 정치와 지리로 연계된 역사적 사실들을 종합해 볼 때, 오늘날 민족 최대 관심의 하나인 통일문제가 어떻게 귀결될 것인지 역사를 통한 예측이 가능하다.

우리는 지금 나라 안팎에서 일어나고 있는 엄청난 변화를 실감하고 있다. 가히 혁명적 의미를 갖는 정도의 변화가 전개되고 있다. 이 변화는 세계 · 국가 · 지역단위의 규모로 복합적으로 전개되고 있다. 이 변화는 지방도시 인천에도 불어닥쳐 인천에도 일대 변화를 가져올 것이다.

이같은 현실을 우리는 보통 정보화(information society) · 세계화(globalization) · 지방화(localization)라고 표현한다. 앞으로 전개되는 정보화 세계는 국가 간 장벽이 느슨해져 국가의 역할이 상대적으로 축소되고 세계라는 넓은 범주에서 경쟁이 치열하게 전개되는 상황이 될 것이다. 동시에 내부적으로는 지역의 의미가 새롭게 해석되면서 지역성 회복을 통해 건전한 지역공동체에 토대를 둔 삶을 지향하게 될 것이다.

이러한 변화에 따라서 중앙과 지방의 관계도 이전같이 전개되지는 않을 것이다. 중앙에서의 지방통제와 같이 단선적 · 종적 관계는 이제 상당부분 변화될 것이고, 중앙과 지방이 동시에 다른 차원에서 경쟁적 관계를 유지하며 변화에 대응하지 않으면 안 될 것이다. 결국 지방의 역할이 더 중요해지고, 따라서 각각의 지방이 어떻게 제 기능들을 제대로 수행해내는가에 따라 지역발전과 국가발전이 좌우될 것이다. 바야흐로 지방정치의 시대가 빠른 속도로 우리 눈앞에 펼쳐지고 있는 것이다.

인천은 바로 이러한 격변의 한가운데 위치하고 있다. 따라서 전체적 변혁의 흐름을 유연하게 타고 주체적 노력에 의해 한반도와 환황해 그리고 동북아의 허브도시로 성장할 것인지, 아니면 그 반대로 변화의 물살에 휘말려 주변지역으로 전락할 것인지에 따라 인천 미래의 모습이 드러날 것이다.[9] 이 후의 결과는 인천지역과 인천 시민의 몫이 된다.

현재 인천은 인천이라는 지역적 변화를 넘어 대한민국을 변화시키는 대역사를 진행하고 있다. 바다를 메우고 바다와 하늘을 여는 국제공항, 국제항구와 송도 신도시 건설로 앞으로 동북아의 중심도시로서 도약을 준비하고 있다. 또 인천 지방정치는 시대적 요청인 민주화 · 분권화에 따른 시민권의 확대와 자주적이고 자립적인 발전을 위하여 하나하나 실천하고 있다. 이제 인천은 정치적 · 지리적 조건을 십분 발휘하여 인천이 갖고 있는 모든 강점을 극대화할 때가 되었다. 이를 위하여 수준 있는 지방정부의 기획과 추진, 축적된 시민의 민주의식과 행동, 시민의 자발적 참여 등 시민통합의 리더십은 인천 미래의 관건이 될 것이다.

2005년 현재 인구 300만의 대도시 인천은 우리나라 3대 도시의 하나로서 산업도시이자 항구도시로 생산과 소비를 공유하고 있다. 이제 인천지역은 그 어느 도시보다 넓은 면적을 보유하고 있으며, 인구도 계속 증가하는 추세에 있다.[10] 이같이 인천은 지금 양적인 확

9. 김학준, "한국 개화와 인천", 『한국학연구』 제6 · 7합집, 인하대학교, 한국학연구소, 1966, pp. 362−371.
이용식, "6 · 27 지방선거와 인천", 『황해문화』 '95 봄, pp. 175−179.
10. 인천광역시의 면적은 편입지역을 포함해서 서울의 1.5배에 달하고 GRP(지역총생산) 성장률과 1인당 GRP는 전체 광역시 중 최고수준이다. 인구증가율도 3.56%에 달하고 있다. 인천광역시, 『통계로 본 인천의 생활여건』, 1995. 1.

대와 아울러 질적인 발전을 위하여 꾸준한 사업이 진행되고 있어 퇴보하는 경인공업지역에서 생산력 있는 국제도시로 거듭나고 있다.

이같은 사업은 지금 인천의 영종도에는 세계 최대규모의 공항이 1차적으로 건설되었다. 새로 만들어진 인천국제공항은 영역이나 그 규모에서 세계 최대의 의미를 실감할 수 있을 것이다. 이 공항이 완성되면 이를 이용하는 하루 이용객 수는 무려 30여만 명으로, 일 년이면 1억 명 이상이 될 것으로 예상하고 있다.[11]

송도에는 첨단 신도시가 건설되고 일부 기관의 입주가 진행되고 있다. 여기에는 첨단 도시기능을 갖춘 대규모 신도시 건설이 이미 속속 진행되고 있는 상태이다. 이 신도시는 시지역의 외형적 확대에서 내실 있는 도시기능을 갖춘 최고의 첨단지역으로 탄생하게 될 것이며, 개성공단과 관련된 남북 경제교역에 중요한 역할을 하게 될 것이다.

또한 인천국제항의 확장과 기능 확대는 인천을 동북아시아 물류교통의 축을 이루게 될 것이다. 이같은 인천의 노력은 결국 신공항(Airport)과 송도 정보통신기지(Teleport), 항만(Seaport)을 연결하는 이른바 트라이포트(Triport)라는 첨단의 기능을 가진 도시로 성장하게 될 것이다.

한편, 인천은 인천 시민의 정신문화 향상을 위한 계획을 진행하고 있다. 인천문화예술진흥 기본계획, 그리고 인천의 정서와 경제적 측면에서 국립해양과학관을 인천에 유치하려는 움직임 등이 그것이다. 이 운동의 조직인 국립해양과학관 유치 범시민운동협의회가 시작할 때는 보수와 진보도 없었고, 지역출신 간의 대립도 없었으며, 연령별·계층 간의 갈등도 없었다. 이때 인천 시민의 마음은 하나였다.

11. 『인천광역시사』 전게서.

아직은 이 성과가 가시화되지는 못하고 있지만 시정부도 자체 의지를 가지고 있어 인천 시민의 열망이 성사될 것을 기대해 본다.

그리고 이제 막 시작되는 시립 인천대학교의 국립대학으로의 전환 노력은 인천지역 발전에 큰 의미가 있다. 현재 인천 인구는 전국의 5.3%로, 2004년 정부가 국립대학 지원예산 총 1조 9,250억 원으로 그 중 최소 1,020억 원은 인천의 국립대학이 지원을 받게 될 것으로 예상할 수 있다. 이것을 단순하게 재정적 측면에서만 보아도 이는 인천 전체에 대한 순수한 수입효과가 될 것이고, 또한 지금까지 지원되었던 인천시의 인천대 연간 지원액 약 200억 원은 인천시의 재정부담을 덜게 되는 효과가 될 것이다.[12.] 이상의 몇 가지 일들은 일부 예견에 불과하다.

인천이 인천이라 이름지어진 지 600년 이래 지금까지 작은 어촌이거나 서울의 외항 정도였다. 그러나 인천은 이제 국제화 · 세계화 시대에 맞추어 새로운 동북아 시대를 맞아 도약기에 서 있다. 서울과 지근거리에 있는 인천은 그동안 늘 서울의 그늘에 가려지고 인적 · 물적으로 많은 것을 잃으면서도 자족해야만 했었다. 그러나 21세기의 인천은 정치적 · 지리적 이점을 살려 서울과 한국을 이끌고 동북아 중심도시로서 정치 · 경제 · 문화적으로 새롭게 설 수 있는 지방정치시대를 여는 선두 자치단체가 될 것이다. 그러면 인천 시민의 생활도 더 윤택해지고 자부심도 더 커질 것이다.

이같은 밝은 내일을 바라보는 인천은 정치적으로 중앙정치를 공유하면서 인천 나름의 독자적 지방정치가 운용되어야 한다. 경제적으로는 수출입 물량이 세계 10위권에 육박하고 있는 교역의 요충지인 점

12. 인천대학교, 회의자료(2004. 12. 24).

을 활용하는 것이다. 또 앞으로 예상되는 연간 1억이 넘을 드나드는 사람들, 수도권 2천 3백만 인의 나들목이라는 지리적 조건을 최대화해야 한다. 그리고 이제 막 시작되는 개성공단을 지리적으로 인접한 인천의 청라지역과 어떻게 연계시킬 것인가 하는 것들은 인천의 앞날을 예측하는 중요한 사안으로 인천의 앞날을 가름하게 될 것이다. 이제야말로 인천의 지역과 정치문제에 눈을 크게 떠야 할 때이다.

제 **2** 장

인천의 지방정치와 시민

Ⅰ. 인천의 지방정치

1. 중앙집중과 지방분권

중세를 넘어 근대에까지 지속된 중앙집권의 정부형태는 19세기 초반까지 통치의 기제(機制) 역을 담당하였다. 그러나 인구의 증가와 국가 간 교류의 확대, 경제적 자유거래와 정치적 시민시대는 19세기 초부터 지방분권의 지방정치시대를 열었고, 1980년대 이후에는 지방화(localization)가 확대되었다. 즉, 신자유주의 이념 하에 국가 재구조화(state restructuring)가 추진되고 있는 것이다.[1] 이같은 현상의 중앙 집중화에서 지방분권의 지방정치는 근대까지 주류였던 권력집중에서 발생하는 폐해를 시정하기 위한 것이었다.

최근에 큰 변화를 보이고 있는 국제화・세계화와 생산 패러다임의

1. 한석지, "한국의 지방정치와 지역개발정책", 박사학위논문(서울 : 건국대학교, 2004), pp. 10-26.

변화로 지방화가 속도를 받고 있다. 이 지방화의 확대는 세계의 현상이며, 한국의 현상이기도 하다. 최근 들어서 현대사회의 구조적 변화 현상은 세계적 수준의 자본주의적 지방화 전략은 세계화 전략이다.[2] 이 시장경쟁 논리의 확대와 심화에 따른 세계화는 상호 의존 속에서 세계가 통합되어 가는 과정이다. 그리고 생산 패러다임의 변화에 대한 대응전략이기도 하다. 선진자본주의 국가들은 이미 대량생산・대량소비체제의 전성기를 구가했다. 그러나 이같은 소품종 다량생산체제에서 오는 대량생산체제의 문제점은 시장의 변화를 가져오게 하였다. 결국은 상품종류의 확대와 생산량의 축소를 가져와 생산방식의 일대 변화를 가져왔다. 이같은 경제・사회와 생산양식 변화의 징후들은 정치체제에 있어서도 같았다. 드디어 중앙집권적 정부형태를 갖고 있던 정치체제에서 분권적 지방정치화가 나타나게 되었다. 결과적으로 경제・사회 패러다임의 변화는 정치에서 중앙집중의 권력이 지방분권으로의 정치권의 이동이라는 정치적 변화를 가져오게 되었다.

이같이 중앙집중적 정치형태가 지방분권적 지방정치 형태로 변화되게 되는 이유로는 무엇보다 우선하여 정치적 민주화를 추구하기 위한 차원에서 지방화의 추구이다.[3] 이것은 민주정치의 가장 기초적인 시민의 바탕 위에 실시되는 민주시민시대의 실현이라는 측면에서도 긍정적이다. 그러나 이같은 시대적 위기로 느끼는 급격한 변화에 대한 시대적 욕구와 요구를 극복하려는 것들은 그 국가가 처한 환경과 조건, 그리고 발전의 목표에 따라 각각 다르게 나타나고 있다. 서구 선진국은 지방정부의 효율성 개선으로 해결하고자 하는 데 반해, 후진

2. 이종수, “분권화의 패턴 : 지방자치 논의의 배경과 맥락에 대한 국가 간 비교분석”, 『한국 정치학회보』, 32집 2호(1998 여름), pp. 181−183.
3. 상게논문, pp. 174−184.

적 개발도상국들은 국가수준의 발전문제와 정치적 민주화를 지방자치제도의 도입으로 해결하려고 한다.

다음은 이제까지 중앙집권적 정부형태가 이끌어 온 국가주도형의 정치행태가 새로운 변화의 도전에 직면해서 이를 극복하기 위한 전략으로 분권적 지방정부가 나타나게 된 것이다. 그리고 시장경제체제 하에서 모든 지역의 장벽이 무너지는 가운데 자체 국가들의 경쟁력과 경영의 합리화를 위한 전략적 차원의 것이라 할 수 있다.

한국에서는 지방분권의 지방정치시대를 지방자치체의 실현에서 찾을 수 있다. 이같이 지방자치제도의 실시가 본격적으로 제 궤도에 오르기 시작하면서 한국의 지방자치단체는 새로운 지방정부시대를 열게 되었다. 지방자치제 하의 각각의 지방에서는 과거 중앙집권적 통치기구에 종속되었던 권력구조가 변화된 것이다. 이에 따라 지방정치의 패러다임도 새로운 형태를 보이기 시작하였다. 더욱이 의무만 있고 통치의 대상이었던 신민(臣民)에 가깝던 국민이 권리 · 의무 · 책임 참여자인 민주시민으로 새롭게 나타났고, 이 시민들의 적극적 정치참여는 지방정부 · 지방정치에 일대 변화를 가져왔다.

이같은 민주시민시대의 출현은 인천지방에 있어서도 다른 지역과 같이 전 시대의 지방정치의 특징인 지방관료 집단과 경제집단 등 지방 엘리트 정치에 일대 변화가 있게 될 것이다. 이 변화의 최전선에는 시민과 시민단체의 등장, 그리고 이들 시민의 적극적 활동이다. 인천지방도 이같은 상황이 두렷하게 나타나고 있다. 그 증거는 본고 다음 장에서 제시되는 인천 시민의 정치의식의 조사분석에서도 확연히 드러나고 있다. 특히 인천지방 정치에서 민선단체장들은 시민의 욕구와 요구에 민감할 수밖에 없고, 이들의 의사를 각각의 정책이나 집행 과정에 반영하고 여론수렴에 민감할 수밖에 없다. 그러므로 인천 지방정부에 있어 인천 시민과 각종 시민그룹과의 관계는 이제까지와 또 다른 지방정치시대가 펼쳐질 수밖에 없는, 바야흐로 새로운 패러다임의 지방정치시대를 열게 될 것이다.

인천의 지방정치는 1980년대 이후 한국 정치의 민주화 과정을 거쳐 1995년 민선단체장 출현과 함께 새로운 인천 지방정치시대가 열린 것이다. 한국에서 지방정치시대의 시작은 두 가지 요인이 있다. 하나는 이제까지의 중앙집권적 국가권력의 집중화에서 나타나는 지역불균형과 문제점들을 극복하는 방법으로 제시된 것이다. 다른 하나는 그동안 역사속의 신민으로 존재했던 인민이 1948년 민주정부 수립 이후 시민(民主市民)으로 새 시대의 역사의 전면에 등장한 것이다. 이는 그간의 시민의 정치의식 향상과 정치교육 축적의 산물이다.

2. 지방정치

지방정치에 관하여는 우선 두 가지 이론이 제시되고 있다. 하나는 엘리트 이론이고 다른 하나는 다원주의 이론이다. 첫째 엘리트 이론은 지방정치과정에서 지역사회의 권력이 소수의 엘리트에 집중되고 있고, 이들이 주요한 정책영역에서 지방정부의 정책결정에 지배적인 영향력을 행사한다는 것이다.[4] 이 엘리트 이론에서 엘리트는 이른바 경제 엘리트를 의미한다. 경제 엘리트들은 공식적인 정책결정체계 내에서 직접적으로 정책을 결정하거나 영향력을 행사하는 데는 미온적이다. 그러나 이들은 직접적이기보다는 공식적인 지방정치과정이나

4. 한석지, 상게논문, p. 15.

정책결정과정 밖에서 비공식적 채널을 통해 지역의 주요 정책과 이슈들을 자신들의 이익추구에 유리하도록 한다. 그래서 정책결정자들에게 이익집단 또는 압력단체적 역할까지도 함으로써 큰 영향력을 행사한다는 것이다. 이에 반해 지방정부의 운용자인 선출 공직자들은 정책결정과정에서 경제 엘리트의 결정사항을 집행하는 종속적 존재라는 것이다. 즉 경제 엘리트가 사실상의 정책형성 또는 결정기능을 수행하고, 공직자들은 경제 엘리트가 결정한 정책을 공식화하고 집행하는 부수적인 기능만을 수행한다는 것이다.

둘째, 다원주의 이론은 하나의 권력 엘리트가 모든 정책영역에서 영향력을 행사하는 것이 아니라, 정책영역마다 상이한 엘리트가 영향력을 행사하게 된다는 권력분산을 강조한다. 즉, 다원주의 이론은 정치과정의 개방성과 공정성을 전제로 하면서 지방정부의 정책은 정치과정에서 갈등하는 개인과 집단들 간의 상호 작용을 통해 선출직 공직자를 통하여 지방정부의 정책들이 형성된다는 것이다.

여기서 엘리트 이론과 다원주의 이론의 두 이론은 지방정부의 자율적 · 공식적 정책을 가볍게 취급하고 있다. 이 두 이론은 지방정부를 경제 엘리트의 대변자로 보는 엘리트 이론이나 조직화된 집단이익의 각축장으로 보는 다원주의 이론 모두 지방정부를 독립적 존재보다는 종속적 존재로 취급함으로써 결국은 지역사회의 구조화 과정에 초점을 둔 것이다.[5]

1980년대 이후 지방정치 연구의 관심은 누가 통치하는가의 문제보다는 어떻게 통치되고 있는가의 문제에 관심을 갖기 시작했다.[6] 다

5. 박종민 외, "한국 지방정치의 특징", 『한국행정학보』, 제33권, 제2호(1999년 여름), p. 126.
6. 강명구, "지방자치와 도시정치와 행위자 중심적 해석을 위한 시론적 연구", 『한

시 말하면, 지역사회를 누가 다스리느냐의 문제보다는 지방정치의 산출물로 무슨 정책이 수립되었고 그러한 정책이 나오게 된 이유는 무엇인가에 대한 관심이 더욱 커졌다는 것이다.

지방정치와 지방정책의 상호 관계 연구에 초점을 맞춘 1980년대 이후의 지방정치 이론으로부터 이론적 함의를 도출할 필요성이 크다. 그 이유는 두 가지로 설명할 수 있다. 초기 지방정치 이론들은 지방정부에 비현실적으로 높은 정책 자율성을 부여하여 지역인사들은 외부적 제약이 없는 상태에서 지방정부의 정책을 자유롭게 결정할 수 있다는 가정에서 출발했다. 그러나 지방화가 세계화와 결합되어 분권화·시장화의 경향이 강화되면서 해당 지역 이외의 변수들이 지방정부의 정책결정에 미치는 영향력이 상대적으로 증가하게 되었다. 그에 따라 세계 자본주의 경제변화에 따른 영향, 해당 지역 외부의 투자자, 그리고 중앙정부 등의 외생변수가 지방정부의 정책결정 구조와 과정, 결과 등에 미치는 영향력이나 제약을 고려해야 할 필요성이 높아지게 되었던 것이다.[7]

그러나 이같은 지방정치 이론들의 대부분이 미국을 비롯한 서구적인 것이어서 한국적 입장과 일치하는 것은 아니다. 특히 한국의 입장에서 보면 지방정치와 중앙정치와의 관계가 서구, 특히 미국의 제도와 다르다는 것이다. 본서에 논의되었던 인천의 정치의식 속에 나타난 것은 인천의 지방정치가 중앙정치와 직접적으로 영향이 절대적임을 알 수 있었다. 이같은 인천 지방정치의 특수성은 인천의 위치함에 있어 역사적 관계, 지리적 관계와 시민의 생활과 정치가 서울이나 경기와 동일한 권역에 존재해 왔다는 것과 현재도 같다는 것이다. 문제

국정치학 회보』, 31집 3호(1997 가을), p. 113.

7. 한석지, 전게논문, p. 19.

는 이같은 문제를 어떻게 풀어야 할 것인가이다. 이같은 서울과 경기, 인천이라는 미분화된 정치적 상황은 인천 지방정치의 독립성을 저해하는 요인이 되어 왔다.

그러나 이같은 조건들을 다른 측면에서 접근할 때 인천의 종속적 정치형태를 변화시킬 수도 있을 것이다. 그것은 우선 중앙정부·서울·경기와의 법적·제도적 관계를 국가적 차원에서 논의하고 결정해야 할 것이다. 둘째는 지방경제의 경제적 독립성을 유지할 수 있는 지방 자체의 계획과 정책에 대한 연구와 노력이다. 이같은 일의 일환으로 외국자본의 유치를 통하여 인천을 지역 거점도시로 만드는 것이고, 세계 기업의 세계 진출의 전진기지 중심도시를 만들어 가도록하는 것이다. 그리고 이같은 것을 이끌어 갈 수 있는 수준 높은 인적 자원을 양성하는 시스템이 보강되어 인적 지원체제가 유지되어야 한다. 그러나 이와 같은 것만으로 인천의 독립적 경제가 살아나는 데는 한계가 있다. 이와 같은 정치경제적인 것들을 해결하기 위해서는 인천 자체의 내수가 진작되는 계획과 작업이 과감하게 준비되고 실천되어야 한다. 하나의 작은 사례로 앞에서 조금 논의되었지만 여기서 다시 재론해 본다.

인천은 역사적으로나 현실적으로 해양도시로서 인천항을 통하여 동북아로, 인천공항을 통하여 세계로 연결되는 국가의 입출문이다. 그리고 인천만이 지니고 있는 국내적 발전의 자원이다. 즉, 2,300만의 수도권의 인적·물적 풍부함과 세계적 물동량을 인천이 이용하자는 것이다. 그 여러 개 중에 하나의 사례가 인천에 해양관-과학관을 설립하는 것이다. 인천 시민의 의지와 열의로 얻어내는 종합 해양관 하나는 인천 경제의 새로운 변수가 될 것이다.

이에 예상되는 것을 우선 한 가지만 보자. 관광과 견학에서 국내

유입은 물론 항구를 통한 중국과 동남아가 대상이고, 공항을 통해 1년간 넘나든 인구 1억 명, 수도권의 인적 자산은 인천 경제변화의 일대 요소로 작용할 것이다. 이같은 예제는 공상이 아니다. 이미 2003년부터 인천을 위한 인천 해양관－과학관 설립을 위한 운동이 시민운동 차원에서 인천 시민단체 연합으로 인천 국립해양과학관 유치 범시민운동 본부를 발족시켰고, 인천 시내 220여 단체[8]가 협조하였다. 이 단체는 인천시 정부와 각 기관이 연계하여 활발하게 추진되었고, 종래에는 시민 서명작업에 들어가 인천 시민 260여 만의 과반이 넘는 138만 명의 서명을 받아 해당 관계요로에 접수한 바 있다. 이것은 인천 시민의 열망과 의지의 표현이다. 이는 서명운동 사상 찾아보기 힘든 쾌거이다. 그러나 아직도 실현되지 못하고 있음은 독립적 인천지방정치와 경제에 아쉬움으로 남는다. 이상의 예는 인천 지방정부의 도약을 위한 많은 것들 중의 하나일 뿐이다.

한국에서 시민사회의 진전과 더불어 인천지방 시민사회의 시작은 인천 지방의회와 지방자치단체가 구성된 1991년과 1995년 이후에나 형성되었다고 본다. 국가와 시민사회에 대한 관계는 다른 국가와 달리 중요한 분석변수로 고려해야 할 것이다. 실제로 개발도상국 등 비서구 지역의 국가들에 대한 지방정치 연구에서는 국가와 시민사회가 오히려 국가와 시장의 관계보다 더 중요성을 인정받고 있는 상황이다.[9] 이상의 논의들을 종합할 때, 서구형 독립적 지방정치가 한국에서도 국가와 지방정부 간의 독립성과 자립성을 높이기 위해서는 중앙과 지방정부 간 관계, 국가와 시장 관계, 국가와 시민사회 관계 등의

8. 이 단체는 2003년 필자가 참가한 인천 시민사회의 지도자들로 구성된 인천 국립해양과학관 유치 범시민운동협의회를 말한 것이다.

9. 강명구, 상게논문, p. 117.

서로 다른 단위들 간의 관계가 항상 고려되고 관계되어야 할 것이다. 그리고 지방정치의 행위자들을 이끌어내서 그들 간의 관계와 이해관계에 따른 갈등과 협력관계를 지속적으로 조사하고 분석함으로써 지방정치와 지방정책이 어떠한 과정을 통하여 어떻게 수립되고 결정되는지를 파악할 수 있는 지방정부를 이루기 위해서는 인천의 지도자의 리더십이 요구된다.

Ⅱ. 지방정치시대의 시민

지방자치시대의 시민은 민주시민을 의미한다. 민주시민은 권리, 의무, 책임 그리고 참여의 주체자이다. 그러나 아무리 시민이 지방정치의 주체자라 하더라도 민주시민으로서의 자질을 갖추지 못하면 민주시민이 아닌 신민(臣民)에 불과하다. 그럼으로 인천 시민도 민주시민의 자질을 갖추어야 한다.

다음은 지방자치시대의 민주시민의 자질(資質)에 대하여 논의한다. 민주사회의 시민은 숙련되고, 책임감 있는 의사결정자여야 한다. 민주사회의 장점은 어떤 지위, 신분을 가지고 있든지 사회문제에 있어 광범위하고 지적인 시민으로 참여하는 데에 있다. 지적인 결정을 내리고, 참여하며, 의사결정을 하는 등 모든 지식과 태도는 민주사회 시민권의 핵심이다.

따라서 민주주의의 원리와 절차에 대한 이해(knowing that~), 추론능력에 기초한 민주적 의사결정 능력과 문제해결 능력(knowing how~),

그리고 민주적인 원리와 절차에 따라 행위할 수 있는 능력(knowing to~)은 민주시민이 지녀야 할 자질의 세 가지 구성요소이다.[10.] 민주주의 원리와 절차, 규범에 대한 이해는 추론능력, 가치판단 능력, 문제해결 능력을 요구하고, 이 요소는 민주적으로 행위할 수 있는 성향과 능력에 의해 행위로 구체화되며, 행위의 성향과 능력은 앞의 요소를 전제해야 한다는 점에서 세 가지 구성요소는 불가분의 관계를 갖는다. 민주시민으로서 갖추어야 할 자질의 통합적 발달이라는 민주시민 육성의 본질적 목표를 달성하고자 할 경우, 어느 한 가지 자질만을 강조하는 것으로는 본질적 목표를 달성할 수 없을 것이다.[11.]

특히 민주적 생활양식의 습득과 실천능력 함양의 측면에서 볼 때, 시민들은 민주주의 사회가 시민들이 자신에게 중요한 문제에 참여하고 결정할 수 있도록 하기 위하여 대화와 타협, 다수결과 소수의견 존중, 갈등의 평화적 해결과 같은 절차를 중요시하고 있음을 이해해야 한다.[12.] 또한 모든 중요한 결정은 대화와 토론으로 상호 이해를

10. 김국현, "통일조국의 미래상과 통일교육의 과제", 국민윤리연구, 제37호(1997), p. 588.
11. CIVITAS는 다음과 같이 참여를 위한 교수법을 제안하고 있다. ① 모범 시민의 학습, ② 학교행정에의 참여 ; 학생들에게 학교규칙과 교육절차와 같은 문제들에 목소리를 낼 수 있는 기회가 주어진다면 학생참여는 시민효율성의 발전에 공헌할 수 있다. ③ 능동적인 시민의 관찰과 인터뷰, ④ 사회봉사 서비스, ⑤ 투표 참여, ⑥ 모의 정부와 시뮬레이션 프로젝트, ⑦ 정책이슈에 대한 논쟁, ⑧ 자신들의 공동체 연구, ⑨ 실천 프로젝트 ; 환경보호나 재활용, 복지계획 등과 같은 새로운 법안에 초점을 두는 그러한 프로젝트를 만들게 하는 것으로서 그들 그룹들이 만든 프로젝트들은 성인 시민으로서 참여하는 리허설로 고려될 수 있다. ; Charles N. Bahmueller, Charles F. Quigley, CIVATAS : A Framework for Civic Education(Calabas, CA : Center for Civic Education, 1991), p. 89.
12. 이러한 능력의 양성을 위해서는 단순한 지식의 전수보다는 현상학적 방법을 원용한 관점 교환 교수법(teching methods of perpectives exchange)과 같은 교과내용 구성과 교수법이 필요하다.

바탕으로 해야 함을 인식해야 한다. 나아가 올바른 토론은 우리가 흑백논리, 독단론, 사실 은폐와 정보조작 같은 오류에 빠지는 것을 막아줄 수 있음도 알아야 한다. 특히 다수결은 대화와 토론으로 타협이 이루어지지 않을 때 사용되는 최후의 결정방법임을 분명하게 인식해야 한다.

이상의 민주사회에서 지녀야 할 시민의 자질에 대한 논의를 기초로 지방자치시대에 인천의 시민들에게 요구되는 조건을 제시한다. 1) 기본적인 지식, 2) 민주사회적 이상에 대한 서약, 3) 기본적인 지적 기능, 그리고 4) 정치적 기능을 살펴보고자 한다.

1. 기본적 지식

지방자치시대의 시민들은 광범위한 교양을 필요로 한다. 어떤 교양도 단순히 직업적인 목적을 위한 것으로 한정될 수는 없다. 오늘날은 상호 의존적인 세계여서 시민들이 가능한 한 세계 문제에 대한 폭넓은 식견을 얻는 일이 가장 중요한 일이다. 따라서 기본적 교양과 지식 내용은 다음과 같은 것이 될 수 있다.

첫째, 지방자치시대의 시민들은 그들의 국가와 지역사회를 물리적이고 사회적인 세계, 우주와의 관계와 관련하여 이해할 수 있어야 한다. 이제까지 시민들이 다루어야 하는 환경, 자원, 인구문제들은 잘못 이해되고 다루어진 것도 있었다. 그러한 이해는 지구와 인류발전을 위한 생물학, 기후학, 생태학, 신체 인류학과 같은 폭넓은 영역으로부터 오는 자료들에 의존한다.

둘째로, 지방자치시대의 시민들은 거주지역 내 사회제도, 즉 경제

제도, 통치제도, 입법제도, 가족제도, 종교제도 그리고 교회와 국가의 관계, 출판·언론의 자유와 같은 민주사회를 특징짓는 제도들과 이념들이 어떻게 발생하는가를 이해할 필요가 있다. 현 제도들의 연구와 더불어 이 제도들이 보다 더 발전하는 데 수반되는 문제점들 뿐만 아니라, 과거에 직면했던 문제들에 관하여 이해하고 사고할 기회가 주어져야 한다. 이를 위해서는 좀더 폭넓은 범위에서 제도와 역사를 포괄하는 연구가 필요하다. 이때 시민들에게 요구되는 연구는 사건의 연대기를 기억하는 일반적인 연구가 아니라 분석적인 것이어야 한다.

셋째로, 지방자치시대의 시민들은 시간과 공간을 초월하여 자신이 거주하고 있는 지역을 넘어 자국에서 더 확대된 전세계를 통하여 서로 문화의 차이를 이해하여야 한다. 사실 몇 세기 전만 해도 민족간·지역 간의 상이한 문화를 이해해야 한다는 문제에 대하여 큰 관심이 없었다. 그러나 지방화·세계화시대인 21세기에 이르러 지구공동체의 일원으로서의 인천 시민은 이제 세계 속에 존재하는 각기 다른 지역과 인류, 그리고 문화에 대하여 이해하여야 한다. 이것은 오늘날에는 민주시민의 교양이며 필수가 되다시피 되었다. 오늘은 매우 상이한 문화를 가진 사람들이 바로 이웃할 수도 있으므로 자국과 해외에서 상이한 문화를 가진 사람들을 이해하고 평가하는 것은 아주 중요한 것이 되었다. 지방자치시대의 시민들은 어떻게 문화적 차이들이 지역 내에서, 그리고 세계 도처에서 발생하는가를 이해하는 것이 필요하다.

넷째로, 지방자치시대의 시민들은 점차로 객관성과 합리성의 기준을 발전시켜 지방자치시대의 특징인 보다 더 완전한 정보를 성취하기 위한 확실한 지식을 얻기 위하여 계속 노력하는 것이 필요하다. 지방자치시대의 시민은 과학과 물질을 얻기 위한 커다란 잠재력을 가진 기술뿐만 아니라, 결론들을 사고하고 입증하는 방법으로 진실과 거짓을 구별하는 방법을 이해하는 것이 필요하다. 과학은 인간의 정신을 활용하여 도처에 수많은 사람을 향상시키기 위한 수단을 제공하는 것으로 이해되어야 한다. 요컨대 지방자치시대의 시민들은 과학의 진실과 종교, 심미, 그리고 윤리의 진실 사이의 차이를 이해하는 것이 중요하다.

다섯째로, 가장 중요한 것은 지방자치시대의 시민들은 다른 시민들에 대한 그들의 태도에 있어서 정당하고 선하게 되기 위한 계속적인 노력을 인정하는 것이 필요하다. 시민들은 자신이 거주하며 생활하고 있는 지역사회에서 정의, 공정, 평등, 그리고 자유와 같은 가치들의 진정한 중요성을 이해하여야 한다. 이같은 가치들이 어떻게 존재하게 되고, 그들이 필요로 하는 가치들 사이에서 무엇을 선택할 것인가 하는 선택의 문제를 인식해야 한다. 가치들이 어떻게 개인의 복지와 사회 전체의 복지와 관련되어야 하는가의 문제와 사회문제를 해결하는 데는 어떤 중요한 역할을 하고 있는가를 이해해야 한다. 그래서 가치문제는 민주사회에서 핵심적인 문제라는 것을 이해해야 한다. 따라서 지방자치시대의 시민들은 그들 자신의 도덕성에 대한 책임을 져야 하며, 의사결정과정에서 그들이 사용하고 있는 도덕·윤리규범들을 지속적으로 개선하고 정당화하여야 한다.

마지막으로 지방자치시대의 시민들은 자신이 거주하며 살고 있는 지역사회가 당면하고 있는 중요한 문제에 대해 충분히 인식해야 하고, 그 문제들에 대한 충분한 지식이 있어야 한다. 시민들은 이러한 문제들에 관해 시민들이 왜 신경을 쓰고 걱정해야 하고 이러한 문제와 관련 있는 정보매체를 가까이 해야 하는지 그 이유를 알아야 한다.

이러한 문제에 대한 해결을 가로막고 있는 가치문제를 포함하여 또 다른 문제는 무엇인가도 알아야 한다. 이들 문제에 대한 해결방안에 관해, 그리고 문제에 대해 자신은 어느 입장을 취해야 하는지에 관해 체계적이고 합리적인 사고를 해야만 한다.

2. 민주적 이상에 대한 서약

민주시민은 애국적이며 국가에 충성하는 고전적 의미에서의 '선한 시민'으로만 이해되어서는 안 된다. 오히려 오늘의 선한 시민은 지키고 개선하는 비판자로 국가의 발전과 향상을 위해 참여할 수 있는 주체적 참여자여야 한다.

민주주의는 복잡하고 다양한 가운데 인간사회를 계속적으로 발전시키는 생활원리이며, 이데올로기이고, 정치형태이다. 그러므로 민주시민은 민주주의의 기본이념인 인간존중과 이를 위한 두 지주인 자유와 평등에 대하여 인식해야 하며, 기본원칙과 전개과정도 이해하여야 한다.

민주주의의 최선의 희망은 개방적인 눈을 갖고 민주적 가치를 인식하면서 사회의 쟁점들과 관련된 것들에 대하여 정치적 판단을 할 수 있는 시민에 있다. 특히 시민능력을 위한 우리 사회가 직면하는 문제들과 논점들에 대한 해결과 참여에 있다.

민주사회 시민의 조건 중 가장 기본적인 것은 민주적 이상에의 서약(commitment to the democratic idea)이다. 만약 우리가 개인의 가치에 대한 존중이 모든 인간 속성 중에서 가장 고차적인 가치라는 것을 인정한다면 민주주의는 어떤 사회체제보다도 우수하고 바람직한 것이다. 개인의 가치에 대한 존중은 인류가 이해심, 관심, 친절 그리고 동정이라는 측면뿐만 아니라, 그들과 관련된 모든 것에 대하여 권리와 의사결정과정에 있어 다른 사람들과 함께 참가하는 권리까지도 의미한다. 민주주의는 현재까지 나타난 수많은 이데올로기 중 최선의 것이다.

3. 기본적인 지적 기능

민주적 지방자치가 활발하게 이루어지는 사회에서 시민들에게 필요한 지적 기능은 지도 판독기능, 장서기능, 통신기능, 집단 작업기능 등과 같은 것이다. 지방자치시대의 시민들에게 필요한 기능들은 본래 복잡하고 그 초점이 사회·정치적 영역에 있어서 한 개인의 의사를 결정하는 활동에 맞추어져 있다. 그러한 기능들 중 중요한 것은 다음과 같다.

첫째, 문제와 관련된 근원적인 가치들을 포함해서 실제 문제나 갈등의 핵심을 판별해내고 문제를 평가할 수 있는 능력

둘째, 문제에 관하여 적절한 정보를 선택하고 그것을 제시한 해결책과 논리적으로 관련시키는 능력, 즉 정보에 근거한 조사뿐만 아니라 직접 경험을 포함해서 다양한 정보출처의 신뢰도를 판단할 수 있는 능력

셋째, 관련되는 가치를 포함한 가능한 한 아주 광범위한 맥락 속에서 문제를 이해할 수 있는 능력

넷째, 문제해결을 위해 제시된 어떤 해결책을 다루거나 결론적 시나리오를 작성할 수 있는 능력

다섯째, 증거가 대립되거나 바람직한 가치들 사이에서 갈등이 존재할 경우 이성적 판결을 내릴 수 있는 능력

여섯째, 문제에 대해 자신과 타인의 관점을 이해할 수 있는 능력

일곱째, 정치적으로 가능한 한 문제를 해결하는 방향으로 발전시킬 수 있는 해결책을 선택할 수 있는 능력

여덟째, 정당한 결정을 이행할 수 있는 방향으로 정치적 능력을 발휘할 수 있는 능력, 다른 것들을 조직화하고 그 조직체 안에서 정당한 정치적 목적을 달성하도록 기능하고 작용할 수 있는 능력[13.]

4. 정치적 기능

지방자치시대의 민주사회에 있어 시민은 국가와 지방정부, 그리고 국회와 지방의회를 구성하고 국가나 지방정부의 중요 사항을 결정한다. 그리고 대통령과 국회의원을 선출하고 지방자치단체의 장과 지방의회의 의원을 선출한다. 이때의 시민의 투표 내지 선거권은 시민의 권리이자 의무이다. 이것은 시민이 공공문제에 참여할 수 있는 가장

13. Remy와 Turner는 민주시민의 기본적 능력으로서 ① 정치적 결정에 대한 정보획득 및 처리능력, ② 정치적 생활, 이슈, 결정, 정책에 대해 관심을 가지며 한 개인의 참여를 평가하는 능력, ③ 집단지배(group governance)와 시민의식의 문제에 대해 사려깊은 결정을 형성할 수 있는 능력, ④ 정의, 윤리, 도덕과 같은 기준이나 인간, 제도, 정책, 결정에 대한 판단을 형성하는 실용성과 같은 기준을 발전시키고 이용하는 능력, ⑤ 타인, 의사결정자, 지도자, 공무원과 "의사소통"할 수 있는 능력, ⑥ 상호 목적을 위해 집단 내지 조직 속에서 '타인과 협동하고 작업하는' 능력, ⑦ 개인의 이익을 보호하고 증진시키기 위해 '관료적으로 조직된 제도에서 일할 수 있는' 능력을 들고 있다. R. C. Remy and M. J. Turner, "Basic Ciizenship Competencies", *Mershon Centew Quarterly Report* 5 (Autumn, 1979), pp. 2−8.

직접적인 정치적 기능의 한 방법이며 민주시민임을 확인하는 과정이다. 만약 시민들이 그들의 투표를 소홀히 하거나 마지못해 형식적으로 한다면 정부의 통치행위에 그들의 욕구와 요구를 반영시킬 희망이 없다. 사실 만성적·맹목적인 투표를 하거나 전혀 투표를 하지 않는 사람들은 민주시민으로서의 자기 권리의 포기이다. 우리는 종종 개인들도 공익보다는 그들 자신의 것에 집착하는 것을 볼 수 있다. 이때 투표행위자 시민의 책임이 그렇게 간단한 문제가 아니다. 결과에 대한 책임이 오로지 시민 자신에게 있기 때문이다. 그러므로 시민은 단지 투표용지에 어떻게 표시하는 것인가를 아는 것만으로는 민주시민의 자질에 문제가 있다.

시민은 그 문제의 원인과 타당성을 어떻게 찾아낼 것인가를 알아야 한다. 내가 진실을 듣고 있는 것인가? 내가 실제적인 사실들을 가지고 있는가? 대중매체의 교묘한 조작에 의해 내가 동요되고 있지는 않은가? 내 투표가 후보의 선전에 사용되고, 부정의 정당화에 이용되고, 나는 돈에 의하여 매수되어 형편없는 존재로 취급받고 있지는 않은가? 하는 것들이다.

사회적으로 책임감이 있고, 지적이고 합리적으로 투표하는 시민들은 이러한 서로 상충하는 요소들을 숙고해 보고, 잘못으로부터 진실을 분류해내야 한다. 그리고 문제를 판별하고 때때로는 보다 직접적이고 적극적인 자신의 이익을 위하여 투표하려는 유혹을 억누르는 결정을 해야 한다. 지방자치시대의 시민들은 모든 종류의 이익집단들을 통해서 기능을 수행해야 한다. 또한 이러한 맥락에서 일반적으로 다른 시민의 행태를 평가하고 비교하고 조절할 수 있는 방법을 배워야 한다. 그리고 민주시민은 도덕·윤리적 삶을 위하여 항상 노력하며 긴장하는 것이 필요하다.

5. 반사회화

민주주의 사회에서 시민은 한편으로 사회의 현존하는 관습, 전통, 규칙 등을 사회화 과정을 통해 습득해야 한다. 그러나 다른 한편으로 개인의 능력을 합리적이고 신중한, 그리고 독립적인 민주시민의 능력으로 신장시켜 주는 과정인 반사회화(counter-socialization)[14.] 과정을 통해 지역사회 내 문제점이나 부정적 문제를 해결할 수 있는 능력 또한 습득해야 한다.

본질적으로 사회화는 사회 내의 지배적인 관습과 가치들을 보존하고 사회의 결속력을 강화시킨다는 점에서 보수적인 과정이다. 이러한 사회화는 긍정적 인 것만은 아니다. 오히려 그것은 독단적인 것이 되기도 한다. 사회화는 목표를 달성하기 위해 감정과 권위에 의존한다.

물론 사회화는 민주주의 사회에서 시민이 지녀야 할 능력 함양을 위해 불가피한 측면이며, 반면 반사회화는 독립적인 사고와 책임 있는 비판능력을 강조함으로써 양자는 균형을 이루어야 한다.

반사회화는 독립적인 사고와 정치적 자유의 핵심이 되는 사회비판을 할 수 있도록 의도된 학습으로, 이것은 적극적이며 활발한 추론을 장려한다. 이는 사회화 과정에서 학습해 온 것에 대한 재평가를 포함한다. 그것은 개인이 불확실한 전통적 가치가 재검토를 받을 수 있는 불확실한 미래에 대비해서 자신의 결론을 위한 신중한 고려를 요구하는 것이다. 자신의 신념을 신중하게 비판적으로 분석하면서 공공문제의 복잡성을 알고 있는 시민들은 능동적인 민주주의 생활이 요구하는

14. Shirley H. Engle & Anna S. Ochoa, *Education for Democracy Citizenship*, 정세구 역(서울 : 교육과학사, 1989), pp. 26-27 참조.

합의에 효과적 기여를 할 수 있다.

이러한 측면에서 볼 때, 민주적 지방자치 사회에서 시민들은 초기 학교 교육과정에서 민주적인 태도와 행동이 학습되어야 하며, 그 후 사회에 진출하면서 민주시민으로 학습되고 사회화되어야 한다. 그러나 이같은 보수적 사회화와 함께 반사회화 노력이 진지하게 논의되어야 한다. 이같은 사회화와 반사회화에 대한 인식의 균형이 유지되어야 함도 알아야 한다.

제 3 장

인천 시민의 정치의식

정치의식(政治意識)의 개념에 대하여는 어떤 정치적 사상(事象)과 특정한 정치문제(政治問題)에 대해서 사람들이 갖게 되는 인식·평가·태도[1.]로, 또는 정치적 여러 사물과 사태에 대해서 국민이 가지는 인지적·감정적·행동적 반응성향이라고[2.] 정의하고 있다. 즉 정치행동을 결정하는 정신작용을 의미하고 있다.

본장에서도 이같은 논리를 적용하여 인천 시민의 정치적 여러 사물과 사태에 대해서 가지는 인식, 감정, 반응, 태도를 설문조사하고 분석하여 인천 시민의 정치의식을 확인하였다.

다음은 Ⅰ. 인천 시민의 정치의식, Ⅱ. 서구민의 정치의식, Ⅲ. 남구민의 정치의식, Ⅳ. 중구민의 정치의식을 차례로 정리한다.

---

1. 이극찬, 『정치학』(서울 : 법문사 1982), p. 228.
2. 박용헌, "현대한국의 정치의식에 관한 연구", 『한국사상과 윤리』, 한국정신문화연구원, 1982, p. 311.

Ⅰ. 인천 시민의 정치의식

이 부분에서 조사·분석된 인천 시민의 정치의식은 필자가 참가한 『인천광역시사』 정치편 집필 때 조사된 것이다. 그러므로 다음에 전개되는 인천의 서구·남구·중구와는 시간과 공간의 차이가 있으나 인천 전지역의 시민을 대상으로 조사·분석된 것이다.

1. 조사방법

1) 조사방법 및 설문지 설계

인천 시민들의 정치의식 실태를 조사하기 위해 설문조사 방법을 통한 의식조사를 실시하였다. 이번 의식조사는 SPSS통계처리 방법을 이용한 빈도조사를 위주로 하였고, 몇 가지 특색 있는 부분만을 크로스탭에 의한 상관분석 방법으로 조사하였다.

본 정치의식 조사에서 설문은 정치참여의 적극성, 후보자 선택기준, 투표의 불참 이유, 정치과정의 참여 및 참여도, 지방의회 의원과의 접촉 여부, 중앙정치의 영향 여부, 지방의회 활동의 평가 등 7개의 변수를 선정한 가운데 19개의 문항으로 구성·조사되었다.

설문조사는 2000년 11월에 인천광역시에 거주하는 시민을 대상으로 1주간에 걸쳐 실시되었고, <표 1>과 같이 총 350매의 배포 설문지 중 302매가 회수되어 통계에 이용되었다.

2) 설문조사 대상자의 특성

본 조사대상자의 특성 중에서 성별은 남자가 166명으로 55.1%, 여자가 124명으로 41.2%의 비율로 구성되어 있다. 연령은 인구통계학적 요소 중 현대에 들어 상당히 중요하게 여겨지는 요소 중에 하나인데, 본 조사에서는 20대가 44.5%(134명)로 가장 많은 수를 차지하고 있고, 30대가 24.9%, 40대가 18.3%, 50세 이상이 12.3%를 구성하고 있다. 학력분포를 살펴보면 고졸(대재 포함)이 53.7%(161명)로 대상자의 절반을 차지하고 있고, 대졸이 32.0%, 중졸 이하가 11.7%, 대학원 이상이 2.7%를 나타내고 있다. 직업분포는 회사원이 28.9%, 학생이 26.9%, 상업이 11.3%, 공무원이 10.0%, 농 · 임업이 7.0%, 기타가 15.9%를 구성하고 있으며, 출생지별로는 인천 · 경기가 53.2%, 서울이 19.9%, 대전 · 충남이 5.6%, 강원이 5.0%, 충북이 4.0%, 전북 3.7%, 부산 · 경남 3.0%, 전남 · 광주 2.7%, 대구 · 경북 2.3%, 제주 1.0%를 차지하고 있다.

2. 정치의식 실태

1) 의회활동에 영향력을 행사하는 집단

국회의원뿐만 아니라 지역의 정치인, 특히 지방의회 의원들이 자기 지역의 여론이나 압력단체, 지역주민들의 영향을 받고 있다는 사실을 우리는 익히 잘 알고 있는 사실이다. 실제로도 의원들이 활동을 합

<표 1> 조사대상자의 인구통계학적 특성

구분		빈도	비율	비고
성별	남자	166	55.1	무응답 1
	여자	124	41.2	
	에러	11	3.6	
	합계	301	100.0	
연령	20대	134	44.5	무응답 1
	30대	75	24.9	
	40대	55	18.3	
	50세 이상	37	12.3	
	합계	301	100.0	
학력	초졸 이하	3	1.0	무응답 2
	중졸	32	10.7	
	고졸	161	53.7	
	대졸 (전문대 포함)	96	32.0	
	대학원 이상	8	2.7	
	합계	300	100.0	

구분		빈도	비율	비고
직업	상업 (자영업)	34	11.3	무응답 1
	회사원	87	28.9	
	공무원	30	10.0	
	학생	81	26.9	
	농/임/어업	21	7.0	
	기타	48	15.9	
	합계	301	100.0	
출생지	서울	60	19.9	무응답 1
	인천/경기	160	53.2	
	강원	15	5.0	
	충북	12	4.0	
	대전/충남	17	5.6	
	부산/경남	9	3.0	
	대구/경북	7	2.3	
	전북	11	3.7	
	광주/전남	8	2.7	
	제주	1	.3	
	기타	1	.3	
	합계	301	100.0	

리적으로 수행하도록 하기 위해서는 지역의 여러 부분의 인사나 주민을 돕고 견제하는 것이 무엇보다 필요하다.

이러한 면에서 실제로 인천 시민들은 어떠한 부분의 사람들이 지역정치에 영향을 미치고 있다고 생각하는지를 설문을 통해 조사해 보았다. <표 2>에서 보는 바와 같이 인천 시민들은 지역의 의회정치에 직접적인 영향을 주는 집단으로 조사대상자의 73.3%가 국회의원이나 지역의 정당인을 들고 있다. 이에 비해 일반시민이 지방의회에 영향을 미치고 있다고 생각하는 사람은 조사대상자의 1.7%에 불과함으로써 아직도 시민들의 기관이라 부르고 있는 의회의 활동과 주민들의 인식 사이에는 거리가 존재한다는 것을 알 수 있다. 다만 정치인 집단과는 차이가 있는 것으로 최근에 급부상하고 있는 시민운동과 관련하여, 시민단체가 영향을 미치고 있다고 생각하는 비율이 8.3%로 3위를 차지함으로써, 이러한 측면에서의 지방의회 활동과의 연결이 모색될 수 있는 가능성을 볼 수 있다.

<표 2> 의회에 대한 영향 집단

구 분		빈도	비율	비 고
변수	국회의원	105	36.5	무응답 13
	지역정당인	106	36.8	
	지방공무원	12	4.2	
	지역법조인	5	1.7	
	종교인	18	6.3	
	시민단체	24	8.3	
	일반시민	5	1.7	
	지역경영자	8	2.8	
	지역학자들	1	.3	
	기타	4	1.4	
합계		288	100.0	

의회활동에 영향력을 행사하는 집단

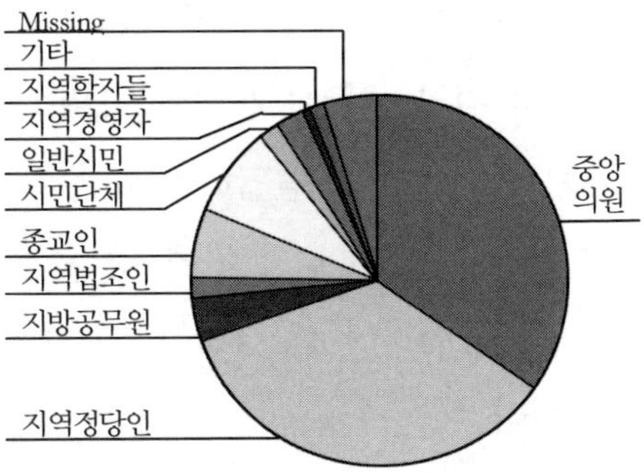

2) 정치참여(선거)의 적극성 여부

오늘날 정치체제의 가장 기본적 형태로 대의제도를 들 수 있다. 대의정치는 시민 모두가 참여하여 관심사를 논의하던 직접민주정치 형태가 사회구조의 변화로 불가능해짐에 따라 이를 보완하기 위해 나타난 정치형태이다. 따라서 대의제 민주정치는 국민이 뽑은 대표자가 의회라는 제도를 통해 정치적 표현을 하는 제도적 표현이라고 하겠다.

비록 정치과정상의 실제 활동들이 의원에 의해 이루어지고 국민의 의견이 상징적인 수준으로 반영된다는 한계는 있지만, 대의제 민주정치 하에 의원을 정점으로 하는 의회제도는 국민들의 의견이 정치과정상에 반영되는 제도이다.

이러한 점에서 정치과정상의 직접적인 활동을 하는 의원들을 선택하고 통제하는 선거제도를 통해 이루어지는 국민들의 투표(선거) 행위는 매우 중요하며, 이를 통해 정치과정의 민주성, 합리성, 능동성 등을 살펴볼 수 있는 것이다.

① 전국 단위선거(투표)의 참여도

인천광역시에 거주하는 300여 명의 시민들을 대상으로 실시한 의식조사 결과 대통령 선거의 경우 대상자의 46.2%인 139명이 '선거에 매번 참여한다'고 응답하였고, '3회 이상 참여하였다'고 응답한 사람이 10.0%, 반면에 '선거에 전혀 참여하지 않았다'는 사람이 12.6%, 투표에 참여하여 본 경험이 2회 이하인 소극적 성향의 사람이 29.9%로 나타났다.

국회의원 선거의 경우도 대선과 유사하여 전체 301명의 응답자 중 45.2%가 '선거에 매번 참여하고 있다'고 응답하였고, '3회 이상 참여했다'고 응답한 사람이 12.3%였다. 반면에 국회의원 선거에 '전혀 참여해 본 적이 없다'고 응답한 사람은 10.6%, '2회 이하로 간헐적으로 선거에 참여했다'고 응답한 사람이 31.9%나 되었다.

이러한 의식조사를 볼 때 '전혀 참여하지 않는다'라고 응답한 사람은 전체의 12.6(10.6)%로, 이들은 투표에 매우 부정적인 동시에 정치적 무관심이 상당히 높은 사람들로 볼 수 있고, 반대로 '매번 참여한다'고 응답한 사람과 '3회 이상 참여했다'고 응답한 사람은 전체의 56.2(57.5)%로, 투표에 적극적으로 참여하는 참여형 정치의식을 지닌 사람이라고 볼 수 있다. 그리고 2회 이하로 선거에 참여한 사람들은 전체의 29.9(31.9)%로 나타났는데, 이들은 유동적인 성향의 사람들로 간헐적으로 투표에 참여하는 사람들이라 할 수 있다.[3]

<표 3> 전국단위 선거참여 횟수

대통령 선거			국회의원 선거		
구분	빈도	비율	구분	빈도	비율
1회	65	21.6	1회	58	19.3
2회	25	8.3	2회	38	12.6
3회 이상	30	10.0	3회 이상	37	12.3
매번 참여	139	46.2	매번 참여	136	45.2
참여 안함	38	12.6	참여 안함	32	10.6
에러	4	1.3			
합계	301	100	합계	301	100.0

※ 무응답 : 1명

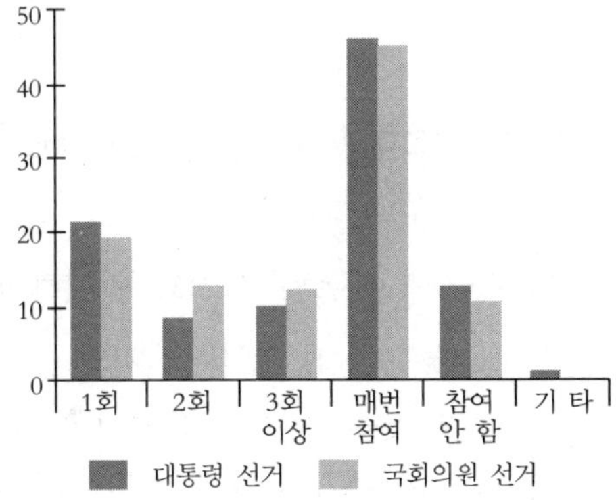

② 지방선거 참여도

지방선거에 대한 참여도 조사결과 선거가 실시될 때마다 '매번 참여하고 있다'고 응답한 비율이 전체의 32.6(30.6)%, 비교적 적극적으로 참여한다고 볼 수 있는 '3회 이상 참여하였다'고 응답한 비율이 5.3(5.0)%, 반대로 '전혀 참여해 본 적이 없다'고 응답한 사람이 23.6(27.

3. ( )안의 숫자는 국회의원선거 참여 비율임.

6)%, 2회 이하의 참여율을 보인 사람은 38.6(36.5)%로 나타났다. 이들은 지방선거에 대해 상당히 소극적인 유동층이라고 할 수 있다.

이러한 지방선거와 관련한 의식조사 결과는 대선이나 총선과 관련한 의식조사 결과와 비교해 볼 때, 매번 참여한다는 매우 적극적 성향이 자치단체장 선거나 지방의회의원 선거 모두에서 10% 이상 낮았고, 반면에 참여하지 않는다는 비율이 10% 이상 높았다. 그리고 2회 이하의 간헐적 참여계층인 유동층의 비율도 대선이나 총선의 비율보다 10% 가량 높았다.

따라서 의식조사 결과 인천 시민들의 지방선거의 참여도는 총선이나 대선에 비해 상당히 떨어진다는 것을 알 수 있다.

3) 투표권 행사(후보자 선택)시의 선택기준

지난 15대 대통령 선거와 관련하여 실시한 한국갤럽의 투표행태 조사[4]에 따르면, 전국단위 선거의 경우 후보자 선택기준과 관련하여 '인물, 경력, 능력'을 꼽는 투표자가 세 명 중 두 명(65.5%)에 달해 후보자의 자질을 후보선택의 가장 중요한 기준으로 삼고 있다는 것을 보여주었다. 그 다음으로 '공약'(8.8%), '정권교체 기대'(8.4%), '세대교체 기대'(6.6%) 등으로 나타났으나 앞의 '후보자의 자질'항목에 비해 현저한 차이를 보였다.

4. 한국갤럽, "'97 제15대 대통령 선거 투표행태", 1998, p. 71.

<표 4> 지방선거 참여횟수

자치단체장 선거		
구분	빈도	비율
1회	86	28.6
2회	30	10.0
3회 이상	16	5.3
매번 참여	98	32.6
참여 안 함	71	23.6
합계	301	100.0
	302	
지방의회의원 선거		
구분	빈도	비율
1회	76	25.2
2회	34	11.3
3회 이상	15	5.0
매번 참여	92	30.6
참여 안 함	83	27.6
에러	1	0.3
합계	301	100.0

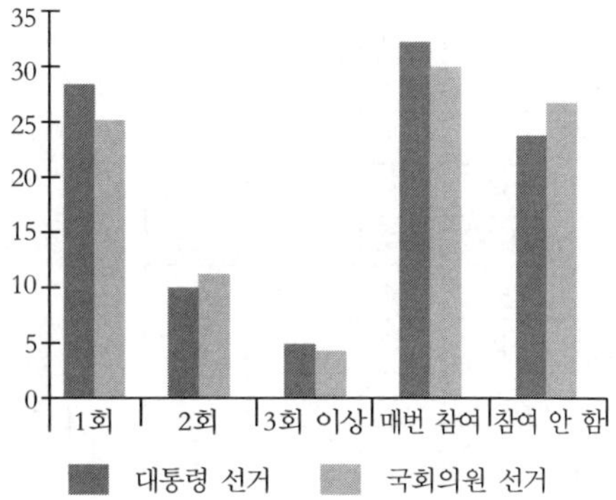

인천 시민을 대상으로 한 설문조사에서 대상자들은 후보선택시 가장 중요한 요건(기준)이라고 생각되는 것과 실제 자신이 선거에서 적용하는 중요한 기준이 무엇인가라는 설문에 대해 정책공약(49.0/44.2%)을 가장 중요한 선택기준으로 꼽았고, 다음으로 인물(31.3/31.6%), 정당(14.0/11.0%)의 순으로 응답하였다.[5.]

앞의 한국 갤럽조사에 의한 전국단위 선거행태 조사에서 나타난 '인물/경력/능력' 65.5%, 공약 8.8%라는 결과와는 상당한 차이가 있음을 알 수 있다.

5. ( )는 (중요하다고 생각되는 선택기준/실제 적용기준)임.

<표 5> 후보자 선택기준

구분		빈도	비율	비고
후보선택시 중요한 기준	정당	42	14.0	무응답 2
	인물	94	31.3	
	정책공약	147	49.0	
	학교연고	4	1.3	
	지역연고	4	1.3	
	기타	9	3.0	
	합계	300	100.0	
구분		빈도	비율	비고
실제선거시 후보선택 기준	정당	33	11.0	무응답 1
	인물	95	31.6	
	정책공약	133	44.2	
	학교연고	10	3.3	
	지역연고	18	6.0	
	기타	12	4.0	
	합계	301	100.0	

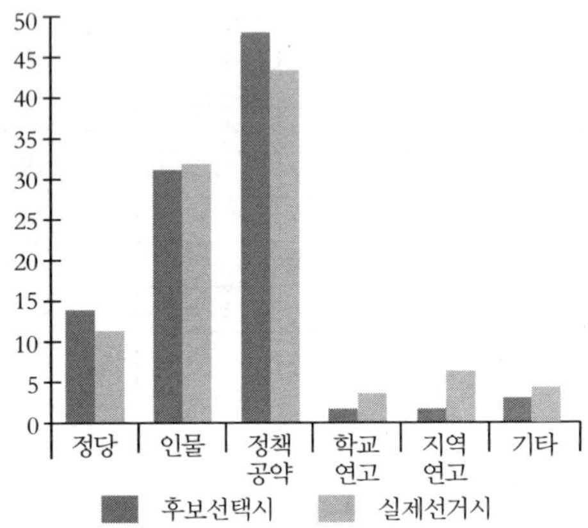

4) 선거에 불참하는 이유

인천 시민 중 선거에 불참한 경험이 있는 사람들에게 불참한 이유가 무엇인지를 묻는 질문에 '후보자가 모두 마음에 안 들어서', 즉 인물(자질/경력/능력) 선택기준 때문이라는 응답이 전체의 36.3%를 차지하였다. 다음으로 앞의 인물항목과 연관 있는 '정치인의 행태에 대한 염증' 때문이라는 응답이 32.2%를 차지하였다. 이렇게 볼 때 이 두 가지 항목, 즉 정치인이라는 '인물'에 대한 평가가 투표에 참여하고 안 하고를 결정하는 가장 큰 요인이었음을 알 수 있다.

<표 6> 선거에 불참하고 있는 이유

구분	빈도	비율	비고
정치인의 행태에 염증을 느껴서	95	32.2	무응답 7
후보자가 모두 마음에 안 들어서	107	36.3	
귀찮아서	37	12.5	
선거가 있는지 몰라서	5	1.7	
나에게 이익이 없으니까	3	1.0	
지역적 연고나 학연이 없어서	3	1.0	
지역 간 대립에 염증을 느껴서	9	3.1	
기타	36	12.2	
합계	295	100.0	

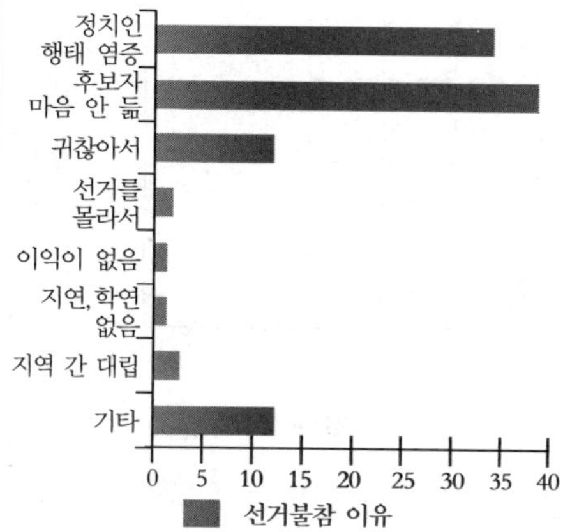

5) 정치과정에의 직접 참여

본래 투표는 국민(시민)에게 주어진 능동적 기본권인 참정권의 본질로서, 이러한 권리는 평소에 일상적으로 이루어지는 것이 바람직하다. 따라서 선거철에만 투표를 독려하고 참여를 권유하는 것은 국민들의 자발적 참여에 도움을 주지 못한다. 즉, 평상시의 정치과정에 국민(시민)이 자연스럽게 부담 없이 참여할 수 있어야만 투표의 참여가 자연스럽게 이루어질 수 있다.

이러한 맥락에서 인천 시민들의 평상시 정치과정에의 참여여부를 묻는 질문에 전체의 81.3%가 정치과정에 전혀 참여해 본 적이 없고, 15.3%만이 참여해 본 경험이 있는 것으로 나타났다.

<표 7> 중앙이나 지방정치과정에의 참여여부

구분	빈도	비율	비고
있다	46	15.3	무응답 2
없다	244	81.3	
에러	10	3.3	
합계	300	100.0	

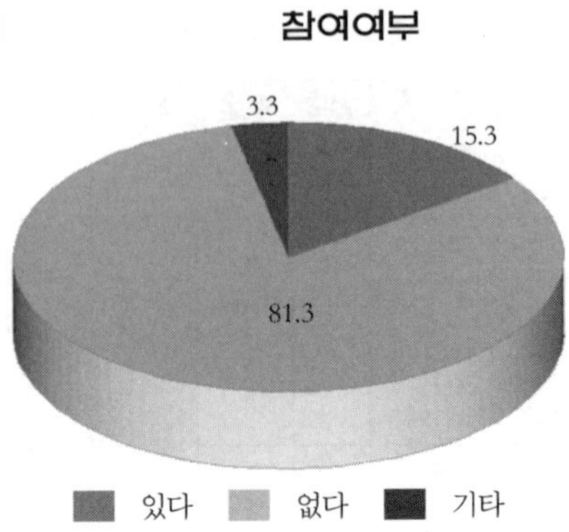

또한 정치과정에 참여하는 행태로는 23.9%가 '청원'에 의한 정치과정에 참여하는 것으로 응답함으로써 청원이 정치참여에 있어 현재의 가장 대표적인 방법이라는 것을 보여주고 있다. 그 다음이 최근에 부각되고 있는 시민단체 활동(18.3%), 국회의원, 시의원 면담(18.3%), 자원봉사(14.1%)의 순으로 나타났다.

<표 8> 중앙이나 지방정치과정에의 참여방법

구분	빈도	비율	비고
시민단체활동	13	18.3	
청원	17	23.9	
국회의원, 시의원 면담	13	18.3	
물리적 방법(시위)	5	7.0	
자원봉사	10	14.1	
기타	13	18.3	
합계	71	100.0	

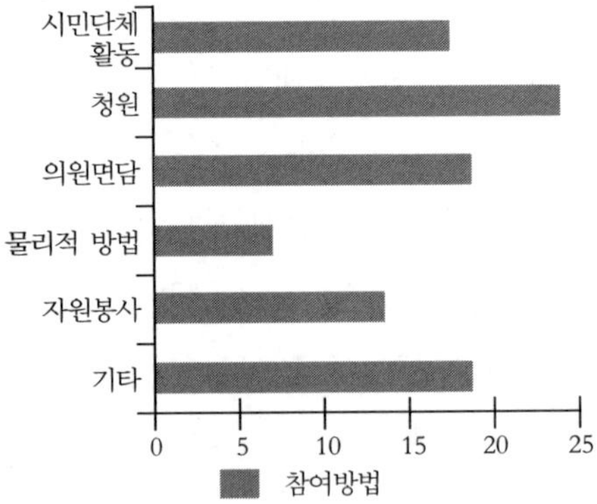

6) 지방의원들의 활동 정도와 정치참여 관계

지방의회의원들의 적극적 활동 여부가 시민들의 정치참여(투표행위)에 영향을 미치는가에 대한 시민들의 의식을 알아보기 위해 '지역 현안에 관한 지방의원들과의 접촉 정도', '지방의원의 활동이 자신의 투표행위에 미치는 영향', '자신의 투표행위가 의정활동에 미치는 영향'이라는 세 가지 항목을 설정하여 질문하였다.

<표 9> 지역현안에 관한 지방의원들과의 접촉정도

구분	빈도	비율	비고
매우 자주 있다	4	1.4	무응답 16
있다	62	21.7	
전혀 없다	217	75.9	
기타	3	1.0	
합계	286	100.0	

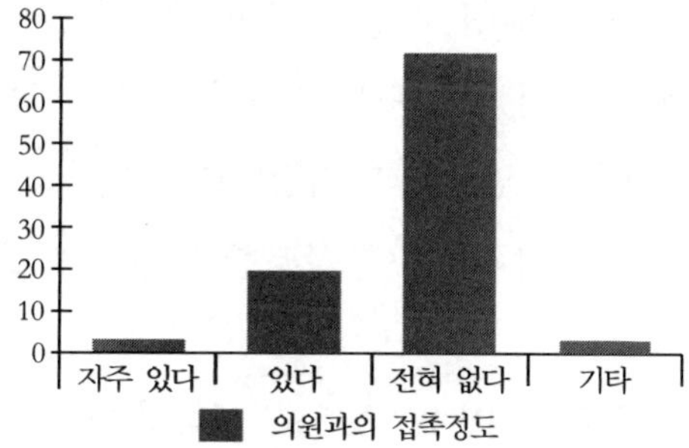

설문조사 결과 먼저 지역현안과 관련 지방의원들과 시민들이 얼마나 접촉하고 있는가에 대해 전체 75.9%가 지방의원들과 만난 적이 없다고 하였고, 23.1%만이 접촉하여 본 경험이 있는 것으로 나타났다.

<표 10> 지방의원의 활동이 자신의 투표행위에 미치는 영향

구분	빈도	비율	비고
매우 그렇다	20	6.8	무응답 10
그렇다	153	52.4	
관심없다	78	26.7	
아니다	33	11.3	
전혀 아니다	8	2.7	
합계	292	100.0	

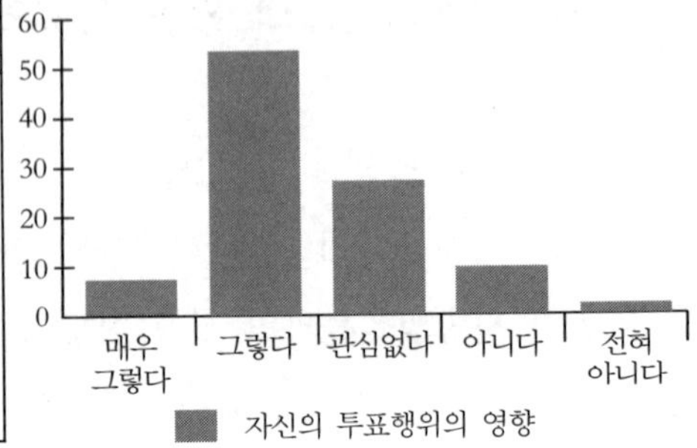

시민들이 능동적으로 정치참여(투표행위)를 하도록 하는 것에는 여러 가지가 있는데, 이 중 지방의회 의원들의 활동 여부가 어느 정도 영향을 미치는가를 조사한 결과를 보면 '영향을 미치고 있다'고 응답한 사람이 59.2%로, '영향을 미치고 있지 않다'고 한 14.0%와 현격한 차이를 보임으로써 지방의회 의원들의 적극적인 의정활동이 시민들의 투표나 정치참여에 상당한 영향을 미칠 수 있다는 것을 보여주고 있다.

한편, 시민들 스스로 생각하기에 자신들의 투표행위가 역으로 의원들의 의정활동에 영향을 미치는지에 대한 의식조사에서 64.4%가 '영향을 미친다'고 응답하였고, 18.7%가 '영향을 미치지 않는다'고 생각함으로써 투표행위에 대한 긍정적 사고도 상당히 높은 것으로 볼 수 있다.

<표 11> 투표참여가 지역 의정활동에 미치는 영향

구분	빈도	비율	비고
매우 그렇다	23	7.7	무응답 2
그렇다	170	56.7	
관심없다	51	17.0	
아니다	45	15.0	
전혀 아니다	11	3.7	
합계	300	100.0	

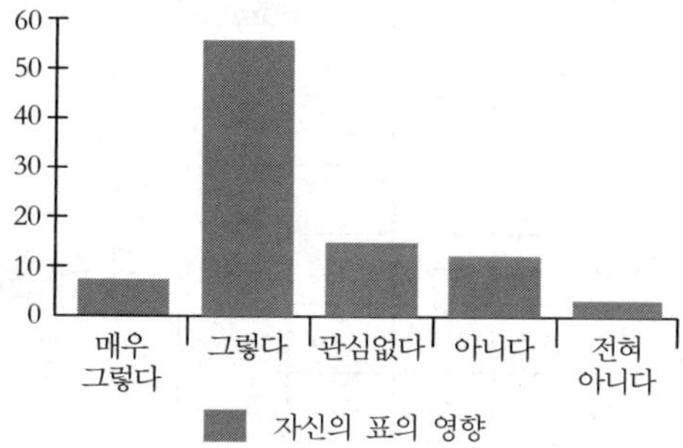

7) 중앙 정치행태의 영향 정도

오늘날 인천 시민뿐만 아니라 모든 국민들이 정치권 전체에 대해 불신하고 있다. 이는 뒤집어 생각하면 중앙정치(국회)의 행태가 전국 모든 지역에 영향을 미치고 있을 수 있다는 가능성을 보여준다.

과연 인천 시민들은 이 부분에 대해 어떻게 생각하고 있는가를 조사해 보았다. '중앙정치의 혼란이 자신의 선거행위에 영향을 미치는가'라는 설문에 57.1%가 '그렇다'고 응답하였고, 20.9%가 '아니다'라고 응답함으로써 중앙정치의 혼란 여부가 지방정치 과정, 특히 투표행위에 영향을 미치는 것을 알 수 있다.

<표 12> 중앙정치의 혼란이 자신의 선거행위에 미치는 영향

구분	빈도	비율	비고
매우 그렇다	31	10.3	무응답 1
그렇다	141	46.8	
관심없다	66	21.9	
아니다	50	16.6	
전혀 아니다	13	4.3	
합계	301	100.0	

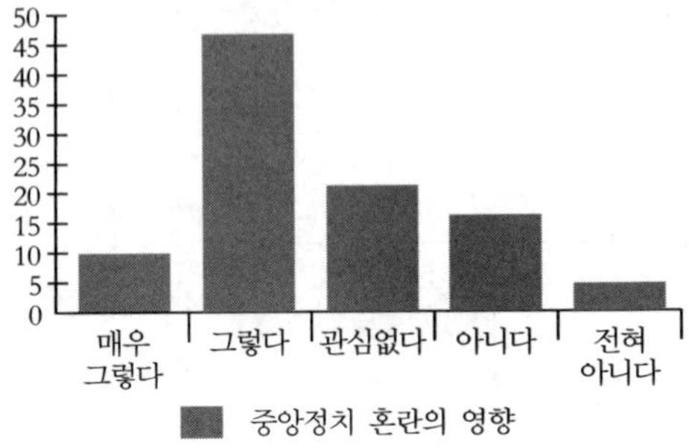

8) 정치적 성향

과연 인천지역에 거주하는 시민들의 정치적 성향은 어떠할까. 이를 알아보기 위한 '자신의 정치적 성향은 어떠한가'라는 설문에 '보수적'이라고 응답한 사람이 22.0%, '진보적'이라고 응답한 사람이 24.3%로 진보적이라고 스스로 생각하고 있는 비율이 약간 높았고, 대부분은 자신이 중도적(52.7%)이라고 생각하고 있는 것으로 나타났다.

<표 13> 자신의 정치적 성향 평가

구분	빈도	비율	비고
상당히 보수적	8	2.7	무응답 2
다소 보수적	61	20.3	
중도적	158	52.7	
다소 진보적	67	22.3	
상당히 진보적	6	2.0	
합계	300	100.0	

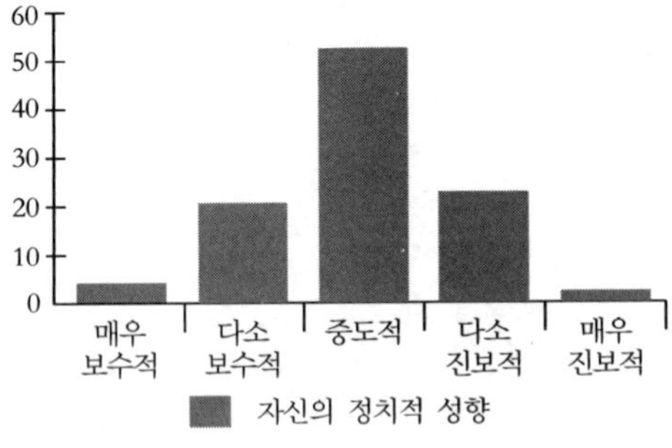

3. 인천 정치문화의 특성

일반적으로 정치문화의 유형과 관련하여 자주 이용되는 이론은 알몬드와 버바(Almond & Verba)의 유형론이라 할 수 있다. 알몬드와 버바는 정치문화를 다음과 같은 세 가지 형태로 분류하였다.

첫째로, 향리 또는 향당형(parochial) 정치문화이다. 이러한 문화는 아프리카 종족 사회나 소집단의 자치적 지역공동체들에서 발견된다. 이러한 정치문화 유형을 지니는 사회에서 체계 구성원들은 정치에 무관심하여 그들의 정치세계는 그들이 거주하는 좁은 향리에서 별로 벗어나지 못하고 있는 상태이다. 또한 정치체계나 그 운영에 관하여 낮은 지식을 가지고 있으며, 정치체계에 대한 기대와 참여도가 거의 없다.

둘째로, 신민형(subjective) 정치문화이다. 국민들의 정치적 세계는 향리형 정치문화보다 더 확대된다. 국민적 연대의식도 더욱 발달된 상태이며, 국가적 수준의 정치현상에 대한 관심과 지식도 훨씬 높아진다. 그러나 '신민'(臣民)이라는 말이 보여주듯이 국민들은 아직도 자신이 '정치의 주체'라는 인식이 약하다. 즉 정치적으로 능동적이기보다는 피동적이다. 또한 국민들은 정치체제 내의 산출부분에 대한 관심은 높으나 투입기능이나 자신을 적극적 참여자로 생각하는 정향은 낮다.

셋째로, 참여형(participant) 정치문화이다. 이러한 문화에서는 국민의 자발적 정치참여가 비교적 높다. 여기에서 비로소 국민이 신민(臣民)의 위치를 탈피하고 시민(市民)이 되는 것이다. 그래서 국가가 요구하는 대로 국민의 의무를 수행할 뿐만 아니라 정치에 영향을 미치기 위해 자발적으로 참여한다. 나아가 참여형 정치문화 속에서는 국민적 연대의식도 높아지며, 어느 정도 국민에 의한 정치의 가능성이 존재하게 된다.

이러한 정치문화의 유형을 기초로 한국 정치문화의 성격을 살펴보면 대체로 앞의 세 가지 정향을 모두 포함하고 있다고 볼 수 있다. 다만 일반적인 경향을 살펴보면, 근대화에 따라 향리형 정치문화와 신민형 정치문화 경향이 약해지고 참여형 정치문화 경향이 증대해 왔다는 사실을 들 수 있다. 바꾸어 말하면, 한국의 정치문화가 중요한 전환기적 과정에 놓여 있다는 것이다. 즉, 향리적 경향을 가진 국민의 비율은 줄어들고 참여형 정향을 지닌 국민의 비율이 높아지고 있다고 볼 수 있다.[6.]

이를 지역적으로 살펴보면 대체로 농촌과 도시 간에 상당히 대조적인 분포를 보이고 있다. 농촌의 경우 아직도 향리형 정치문화와 신민형 정치문화가 주류를 이루고 있으며, 참여형 정치문화는 상대적으로 약체를 보이고 있다. 반면, 대도시의 경우는 신민형 정치문화보다 참여형 정치문화가 주류를 이루고 있고, 향리형 정치문화는 약한 수준을 유지하고 있다.[7.]

---

6. 김운태 외, 『한국정치론』, 박영사, 1982, pp. 216－220.
7. 한배호와 어수영은 1984년 설문조사 결과 묵종성, 의인주의(擬人主義), 형식주의, 신뢰성, 평등성, 관용성, 권리의식의 7가지 가치정향이 한국인의 정치문화에 영향을 주는 것으로 제시하였다. 이들 중에서 묵종성, 의인주의, 형식주의는 사회적 태도로서 전통적인 가치정향의 주축을 이루는 것이다. 반면 신뢰성, 평등성, 관용성, 권리의식들은 정치적 태도로서 민주적 정치질서의 유지와 운영에 불가결한 가치정향으로 분류하였다. 이들은 사회적 태도의 세 가치정향이 강하게 나타나면 전통적 가치가 높고 약하게 나타나면 근대적 가치가 높은 것으로 가정하였고, 정치적 정향도 4가지가 강하게 나타나면 민주적이고 약하게 나타나면 권위주의적인 것으로 파악했다. 결과적으로 사회적으로는 전통적인 가치관을 지니면서도 정치적으로 권위주의적인 태도를 갖는 유형을 묵

인천의 경우에는 광역시로서 대도시에 속한다고 볼 수 있다. 따라서 이러한 우리나라의 정치문화 일반적 유형을 기초로 인천 정치문화 성격을 고찰해 보면 세 가지 유형이 혼합된 형태가 나타나지만, 주로 참여형 정치문화 유형이 강세를 보이고 있다고 할 수 있다. 예컨대 시민들의 50% 이상이 적극적으로 투표에 참여하고 있다는 점, 투표행사시 가장 중요한 준거를 정책공약에 둔다는 시민의 비율이 약 50% 정도에 이른다는 점에서 이러한 참여형 정치문화의 경향을 볼 수 있다.

그러나 중앙정부와는 달리 지방의회에 영향을 미치고 있다고 생각하는 시민이 조사대상자의 1.7%에 해당한다는 점은 시민들이 인천의 지방정치체계나 그 운영에 관하여 낮은 지식을 가지고 있으며, 정

종형으로 분류하였고, 사회적으로 근대적인 태도를 강하게 갖고 있으면서 정치적으로도 민주적 정향을 강하게 갖는 사람들을 길항형(拮抗型)으로 보았다. 이들은 현실 정치체제가 권위주의적인 데 대하여 반감이나 부정적인 태도가 높고 체제의 운영에도 부정적인 성향을 갖는 유형으로 보았다. 또한 사회적 태도는 전통적이면서 정치적 정향은 민주적 정향을 갖거나, 또는 그 반대로 사회적 태도는 근대적이면서 정치적으로는 권위주의적인 정향을 가져 양자 간에 불일치를 보이거나 일관성이 없는 사람들은 수용형 정치문화를 갖는 사람들로 보았다. 이런 유형의 사람들은 상황에 맞추어 적당히 행동하고 주어진 상황을 불가피한 것으로 받아들이는 사람들이다. 한국민들의 정치문화를 이러한 세 가지 하부 정치문화로 구분하여 이들의 분포율을 보면 묵종형이 30%, 수용형이 40%, 길항형이 30%가 된다. 한배호와 어수영은 "한국의 정치문화의 특성을 한 마디로 표현하면 그것을 수용형이라고 말할 수 있다"고 보았다. 즉, "한국의 성인층의 정치정향은 정치적 권위와 권력에 관하여 애매하거나 모호하며 체제운영이 잘 되어 있느냐 아니냐에 관하여 무관심하고 대세에 따라 적당하게 태도를 정하며 행동한다. 이러한 수용형의 정치정향의 소유자가 한국의 성인인구 과반수에 가까운 비율을 차지하고 있다고 보아도 지나친 억측은 아닐 것"이라고 보았다. 이러한 평가는 한국인의 정치문화에는 아직 향리형과 신민형 정치문화가 상당히 존재하고 있음을 의미한다; 한배호·어수영, 『한국정치문화』, 법문사, 1987, pp. 239-254; 김광웅, 「한국인의 민주정치의식과 국가이념」, 『사회과학과 정책연구』, 제11권 1호, 서울대학교, 1989, pp. 31-54.

치체계에 대한 기대와 참여도가 상대적으로 낮은 것으로 나타난다는 측면에서 향리형 정치문화의 경향을 일부분 보여주고 있다. 이러한 경향은 지역현안에 관해 지방의회 의원들과의 접촉 정도 조사에서 약 75%가 전혀 접촉한 경험이 없다고 응답한 것에서도 나타난다.

또한 지방의 정치과정에 대한 참여도 조사결과에서 보듯이, 참여경험이 전혀 없는 경우가 81.3%를 차지한다는 점은 지방정치과정에 대한 투입기능이나 자신을 적극적 참여자로 생각하는 정향이 낮은 경우로서 신민형 정치문화의 경향도 있음을 보여준다.

Ⅱ. 서구민의 정치의식

정치의식이란 정치에 대한 사람들의 태도, 사고방식 및 행동양식을 포함하는 개념이다. 따라서 정치의식에 대한 일반적 정의에 기초해 볼 때, 인천광역시 서구 구민의 정치의식은 주민이 서구 지역에서 전개되고 있는 정치, 즉 선거와 투표에서 갖는 태도와 사고방식 및 행동양식을 의미한다고 할 수 있다.[8] 본고에서는 서구 구민의 정치의식을 살펴보고, 이를 통해 한국인의 정치에 대한 일반의식에 비추어 서구 구민의 정치의식을 확인하고자 한다.

8. 조휘각, "인천시 선거행태에 관한 연구", 『인천학 연구』, 인천대학교 인천학 연구원, 2002, p. 308.

1. 조사설계의 개요

1) 표본의 추출 및 설문조사

① 표본의 구성

본 조사는 서구 구민의 투표행위를 통한 정치참여를 중심으로 각종 의정활동이나 행정활동에 대한 기본적인 정치의식을 조사하는 것을 목적으로 한다. 따라서 조사연구의 대상이 되는 표본은 서구지역에 거주하며 투표권을 행사할 수 있는 만 20세 이상의 성인남녀를 대상으로 하였다.

표본의 추출은 무작위로 추출하되 표본의 고른 분포를 위해 추출지역을 15개의 주민자치센터 관할을 중심으로 서구 전지역에 고루 분포시켰다. 또한 남녀 간의 비율과 연령계층 간의 비율도 편차범위를 넘지 않도록 일정하게 조정하였다.

② 설문의 조사

이에 따라 총 370부의 설문지를 배포하여 이 중 통계처리에 적합하지 않은 20부를 제외한 350부를 통계처리에 사용・분석하였다.

<표 1> 설문조사의 개요

구분	내용	비고
조사대상 지역	서구 15개동	
조사기간	2002년 11월 1일-11월 5일	
조사원수	5명	
설문배포수	370부	
설문지회수	370부	
통계이용수	350부	

2) 인구통계학적 특성

① 성별

구분		빈도	비율	축적비율
항목	남	147	42.0	42.0
	여	203	58.0	100.0
	합계	350	100.0	

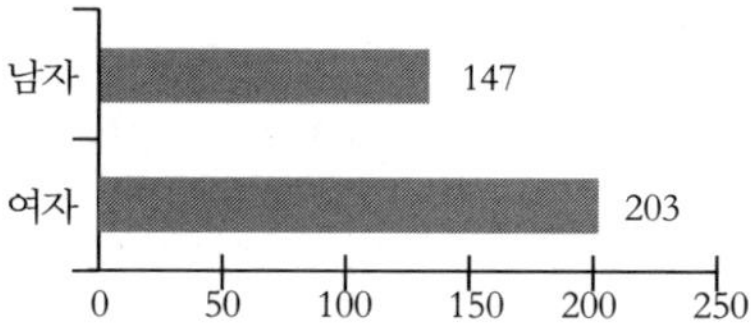

조사대상자의 성별은 남자가 42.0%, 여자가 58.0%로 여자가 많았다.

② 나이

조사대상자의 나이 분포는 20대에서 70대까지였고, 이 중 40대 연령층이 25.4%로 가장 많은 수를 차지하고 있고, 50대도 24.3%를 차지하였다. 다음으로 30대가 19.4%, 20대가 14.6%, 60대 이상이 16.3%, 20대가 14.6%의 분포를 보였다.

구분		빈도	비율	축적비율
항목	20대	51	14.6	14.6
	30대	68	19.4	34.0
	40대	89	25.4	59.4
	50대	85	24.3	83.7
	60대 이상	57	16.3	100.0
	합계	350	100.0	

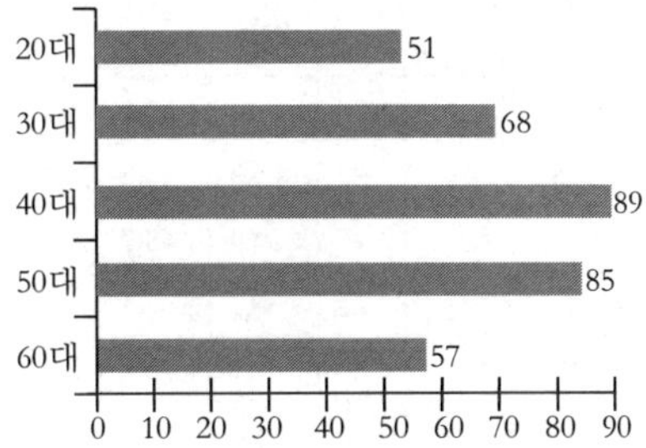

③ 학력

구분		빈도	비율	축적비율
항목	초등학교 이하	16	4.6	4.6
	중졸	80	22.9	27.5
	고졸	179	51.1	78.6
	대졸 (전문대 포함)	39	11.1	89.7
	대학원 이상 (전문대학원 포함)	30	8.6	98.3
	에러	6	1.7	100.0
	합계	350	100.0	

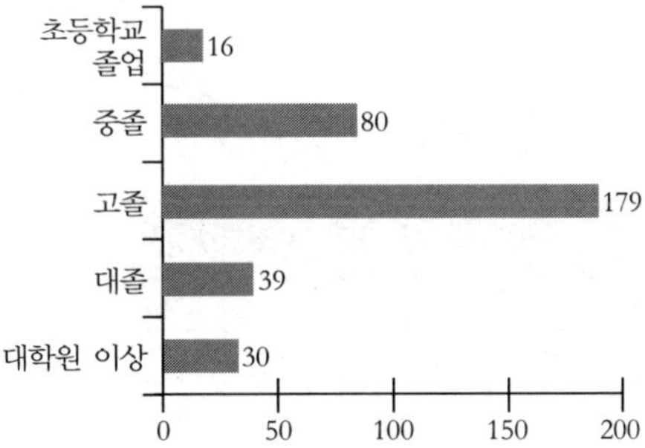

학력분포는 고졸이 51.1%로 가장 많은 수를 차지하였고, 그 다음이 중졸 22.9%, 대졸 11.1%, 대학원 이상 8.6%, 초등학교 졸업 4.6%의 분포를 이루었다.

④ 직업

조사대상자의 직업분포는 일반 직장인이 26.3%로 가장 많은 수를 차지하였고, 다음이 주부 24.9%, 자영업 22.6% 등의 순으로 나타났다.

구분		빈도	비율	축적 비율
항목	상업(자영업)	79	22.6	22.6
	일반 직장인	92	26.3	48.9
	공무원	17	4.8	53.7
	학생	27	7.7	61.4
	농/임/어업	25	7.1	68.5
	정당	5	1.4	69.9
	주부	87	24.9	94.8
	언론인	6	1.7	96.5
	교육계	12	3.5	100.0
	합계	350	100.0	

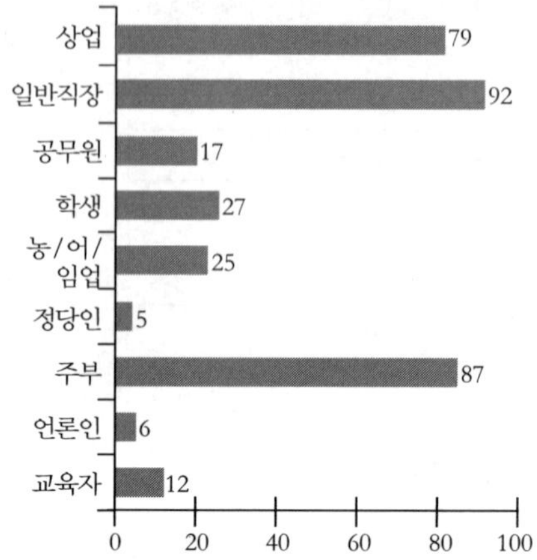

⑤ 출생지

구분		빈도	비율	축적 비율
항목	인천	103	29.4	29.4
	인천 이외의 지역	247	70.6	100.0
	합계	350	100.0	

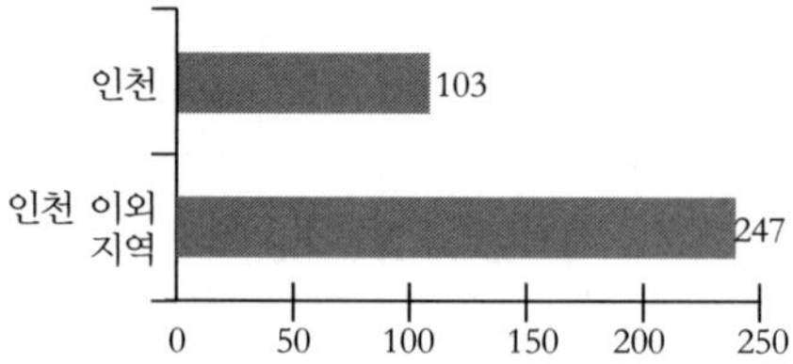

출생지는 조사대상자를 인천지역과 비인천지역으로 구분하여 수행하였는바, 인천 이외의 지역이 70.6%로, 인천지역 29.4%로 나타났다.

2. 서구민의 정치의식 조사내용

1) 지역정치과정에 가장 큰 영향을 미치는 집단

<표 2> 지역정치과정의 영향집단

구분		빈도	비율	축적 비율
항목	지역구 국회의원	29	8.3	8.3
	서구지역 정당인(정치인), 구・시의원	114	32.6	40.9
	서구 공무원	42	12.0	52.9
	지역 법조인	11	3.1	56.0
	종교인	5	1.4	57.4
	시민단체	45	12.9	70.3
	일반주민들의 힘	32	9.1	79.4
	지역 경영자	7	2.0	81.4
	지역 학자들	1	.3	81.7
	각종 이익집단들	51	14.6	96.3
	지역언론	2	.6	96.9
	인천광역시장	11	3.1	100.0
합계		350	100.0	

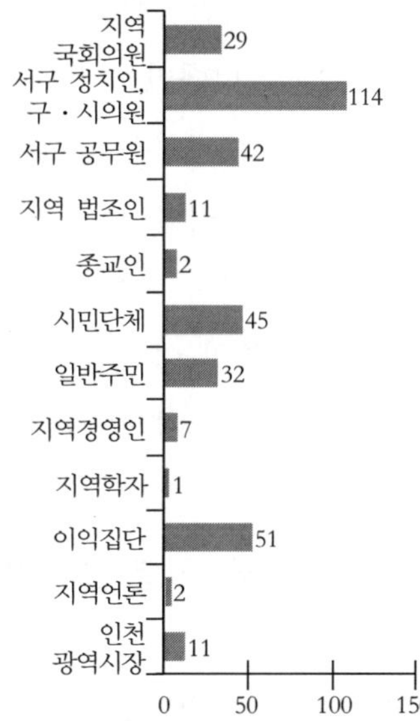

주민자치를 기초로 한 지방정치과정은 중앙의 정치 메커니즘과 밀접한 관련성을 갖고 전개되고 있다. 특히 대의제를 기초로 하는 오늘날의 정치과정은 어느 집단의 영향력을 가장 많이 받느냐에 따라 지역주민 전체의 이익에 지대한 영향을 미치는 것이 현실이다. 여기서 중요한 요인은 정치과정에 영향을 미치는 집단이 누구인가의 문제로, 이는 지역 정치체제와 해당 지역주민들의 상호 관계에 적지 않은 영향을 가져온다.

서구 구민들에서 나타난 영향집단에 관한 의식은 중앙정치과정에서 나타나는 일반국민들의 의식체계와 유사함을 보여주고 있다. <표 2>의 조사결과에서 볼 수 있듯이 "서구의 정치과정에 가장 커다란 영향을 미치는 요인이 무엇인가?"라는 질문에 응답자의 32.6%가 '서구지역의 정치인과 시 · 구의원'이라고 답하였고, 14.6%는 '각종 이익집단들'이라고 응답하였다. 이에 비해 '일반주민들의 힘'을 꼽은 사람은 9.1%, '시민단체'라고 응답한 사람은 12.9%였다.

<표 2>에 나타난 조사결과를 볼 때, 서구 구민들은 정치과정에서의 영향력을 행사하는 집단으로 주민이나 시민단체보다는 정치인이나 이와 관련된 이익집단을 먼저 인식하고 있다는 것을 알 수 있다. 이러한 현상은 과거의 국가 전체의 정치 메커니즘에서 나타나는 정치과정 참여자의 편중성 현상과 정치과정에서의 일반주민의 소외현상에 대한 인식을 주민들이 아직도 지니고 있다는 것을 나타내 주는 것이다.

2) 각종 지방선거의 참여의식

정치과정의 참여형태는 보통선거의 참여로 대표된다. 주민들의 정치에 대한 긍정적이고 적극적인 의사표시의 제도적 보장으로서 선거의 참여율은 정치수준의 잣대로도 사용된다. 통상적으로 지방정치에 있어 제도적 표현으로서 선거참여의 기회는 여러 형태로 주어져 있으나 낮은 선거참여율로 인해 주민참정권의 소극성과 선출의 정당성 문제가 지속적으로 제기되고 있다.

<표 3> 자치단체장 선거 참여의식

구분		빈도	비율	축적비율
항목	참여한 적 없음	83	23.7	23.7
	1−2회	166	47.4	71.1
	3회 이상	75	21.4	92.5
	매번 참여	26	7.5	100.0
	합계	350	100.0	

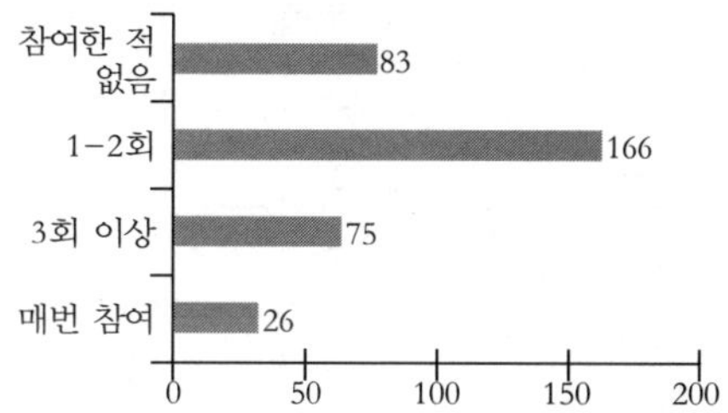

자치단체장 선거에서 나타난 서구 구민들의 선거를 통한 정치참여 의식은 <표 3>에서 보는 바와 같이 낮게 나타나고 있다. 단체장선거에 '매번 참여'한다는 응답은 7.5%인 데 비해 전혀 참여해 본적이 없는 응답은 23.7%였다. 또한 1~2회의 소극적인 참여가 47.4%로 매우 높은 비율을 보였고, 3회 이상의 적극적 양태는 21.4%였다. 전반적으로 소극적인 선거참여 양태가 71.1%였고, 3회 이상 참여의 적극적인 양태가 28.9%였다.

3) 선거의 참여동기

① 참여동기

지방선거에 참여하는 동기에 있어 서구 구민들은 비교적 지역발전을 기대하는 희망감과 지역정치의 건전한 발전, 그리고 올바른 후보를 선출하는 것이 자신에게 도움이 된다고 믿음으로써 선택권을 행사하는 측면이 강하였다. <표 4>에서 보는 바와 같이 자신의 한 표가 '지역발전에 도움이 된다는 생각에' 투표에 임한다고 응답한 사람이 33.4%로 가장 높은 비율을 보였고, 올바른 후보를 선출함으로써 결

<표 4> 선거에 참여하는 이유

구분		빈도	비율	축적 비율
항목	지방 정치발전을 위해	22	6.3	6.3
	지역발전에 보탬이 된다는 생각에서	117	33.4	39.7
	올바른 후보를 뽑음으로써 나에게 이익이되니까	67	19.1	58.9
	주위 사람의 권유에 의해서	55	15.7	74.6
	아무 생각 없이	10	2.9	77.4
	대가 때문에 의무감이 생겨서	3	.9	78.3
	지역적인 연고감 때문에	63	18.0	96.3
	같은 학교 출신이기 때문에	8	2.3	98.6
	개인적인 친분 때문에	5	1.4	100.0
	합계	350	100.0	

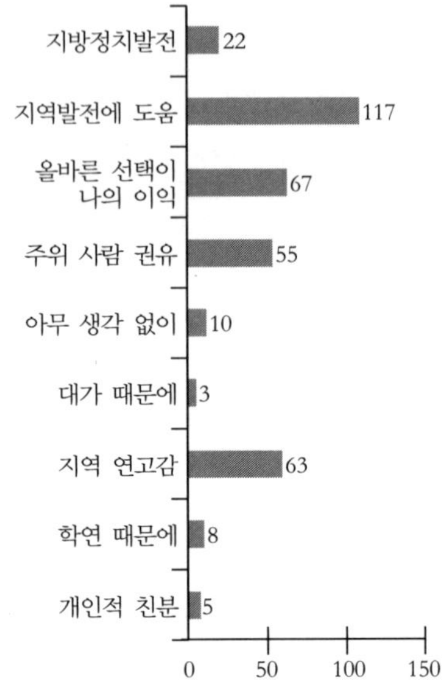

국 그것이 나에게 도움이 된다는 동기에서 선택권을 행사하였다는 사람이 19.1%, 거시적으로 지방정치 발전에 도움이 된다는 생각에서 선택권을 행사한 경우가 6.3%로 지역연고나 학연, 정당관련성 등에 의한 동기보다 높게 나타났다. 반면에 지역 연고로 인해 투표권을 행사한 경우도 18.0%나 되었고, 주위 사람의 권유에 의해 투표권을 행사한 경우도 15.7%나 되었다. 그러나 개인적 친분이나(1.4%) 학연(2.3%), 대가에 의한 의무감(0.9%) 등은 상당히 개선된 것으로 나타나 전체적으로는 투표권의 행사가 건전한 방향으로 진행되고 있다고 할 수 있다.

② 불참동기

<표 5> 투표 불참할 때 이유

구분		빈도	비율	축적비율
항목	정치인의 행태에 염증	116	33.1	33.1
	후보자가 모두 그 사람이 그 사람인 것 같아서	61	17.4	50.6
	귀찮아서	55	15.7	66.3
	선거가 있는지 몰라서	11	3.1	69.4
	나에게 이익이 없으니까	57	16.3	85.7
	지역적인 연고나 학연 등 관련이 없어서	20	5.7	91.4
	지역적인 연고나 학연 등 관련이 없어서	22	6.3	97.7
	내가 속한 정당이 아니어서	8	2.3	100.0
	합계	350	100.0	

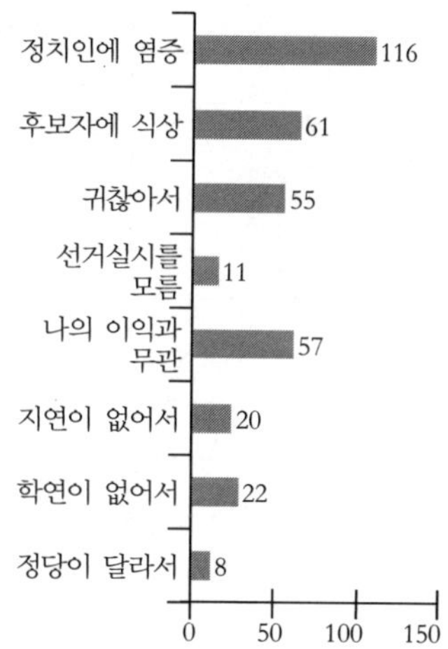

서구 구민들의 선거불참에 가장 커다란 영향 요인은 부정적인 정치인의 행태인 것으로 나타났다. 조사결과 '정치인의 행태에 염증을 느껴서' 투표에 참석하지 않는다고 응답한 사람이 33.1%로 가장 높은 비율을 보였고, 다음이 '후보자에 식상하여'가 17.4%로 이 두 가지 요인이 전체의 50.1%를 차지하였다. 이렇게 볼 때 서구 구민들의 정치의식 속에는 낮은 선거참여의 원인을 정치인이나 후보자에서 찾는다는 것을 알 수 있다. 그러나 한편으로는 불참의 이유로 '귀찮아서'(15.7%), '나에게 이익이 없으니까'(16.3%) 등에 응답함으로써 적지 않은 사람들이 이기적인 이유로 선거권을 행사하지 않는 것을 알 수 있다.

4) 후보선택 기준

<표 6> 후보선택의 기준

구분		빈도	비율	축적비율
항목	정당	71	20.3	20.3
	인물	127	36.3	48.9
	정책공약	44	12.6	69.1
	학교연고	21	6.0	75.1
	지역연고	24	6.9	82.0
	나에 대한 장래 이익 보장	30	8.6	90.6
	내가 속한 집단의 경제적 이익	33	9.4	100.0
	합계	350	100.0	

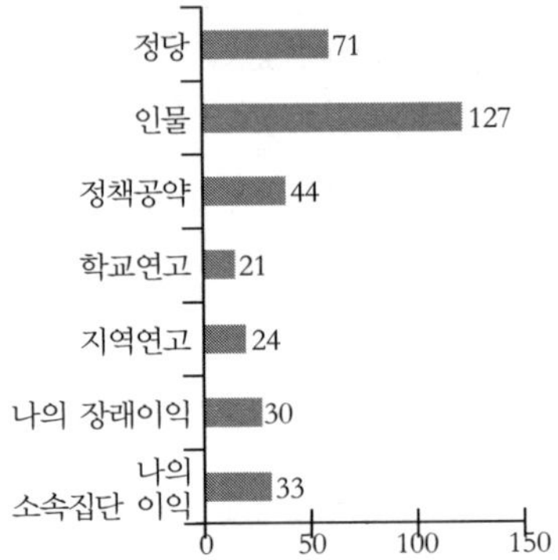

일반적으로 후보자 선택시 가장 큰 영향요인으로 제시되는 것이 인물, 정당, 정책이라 할 수 있다. 조사결과 서구 주민의 경우에도 이러한 경향에서 크게 벗어나지는 않고 있다. 선택기준으로 가장 높은 비중을 보인 것이 36.3%를 차지한 '인물'이었으며, '정당'이 20.3%, 정책공약이 '12.6%로 전체의 69.1%를 나타내고 있다. 이외에 대의적 명분이 아닌 자신의 직접적 이익과 관련해서도 18.0%가 선택기준으로 삼고 있었다.

5) 지역정치에 대한 관심도

지역정치에 대한 주민들의 관심도를 알아보기 위해 현 단체장과 구의회 의원의 인지도에 대한 조사를 하여보았다. 조사결과 단체장과

<표 7> 현재 구청장에 대한 인지도

구분		빈도	비율	축적비율
항목	알고 있다	176	50.3	50.3
	모른다	174	49.7	100.0
	합계	350	100.0	

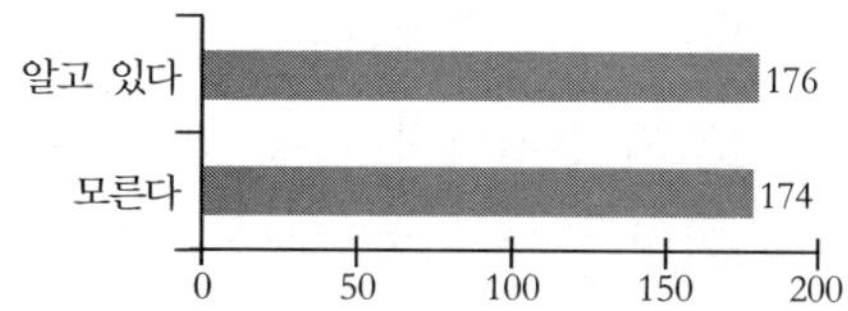

과 구의회 의원의 인지도 간에 상당한 차이가 존재하였다. 단체장의 경우 조사대상자의 50.3%가 구청장이 누구인지에 대해 인지하고 있는 것으로 나타났는 데 비해, 자신이 거주하고 있는 구의회의 의원에 대해 한 사람이라도 인지하고 있는 경우는 16.3%로 나타나 구의회 의원에 대한 인지도가 매우 낮은 것을 알 수 있다.

<표 8> 서구 의회의원에 대한 인지도

구분		빈도	비율	축적비율
항목	알고 있다	57	16.3	16.3
	모른다	293	83.7	100.0
	합계	350	100.0	

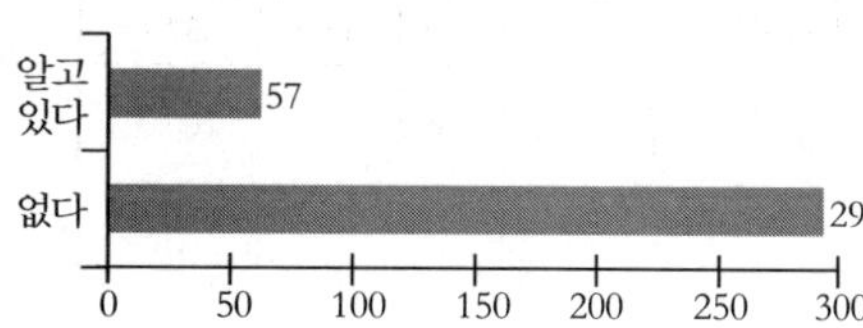

6) 지역정치과정의 참여도

<표 9> 관련 토론 · 청문 · 보고회에 참여경험

구분		빈도	비율	축적비율
항목	있다	76	21.7	21.7
	없다	274	78.3	100.0
	합계	350	100.0	

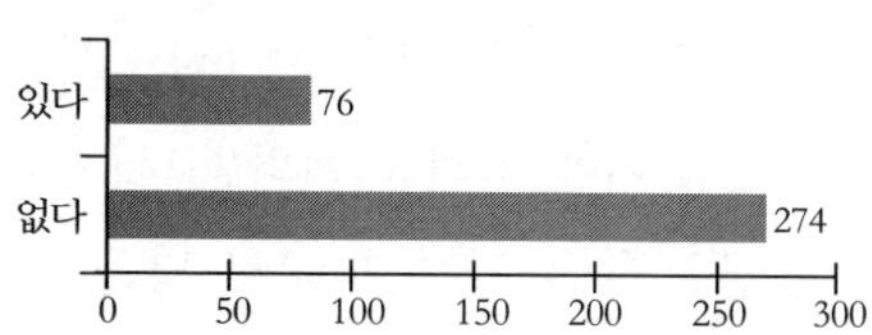

지역정치과정의 참여도와 관련하여 선거나 기타 투표행위를 통한

정치과정에의 참여를 제외한 관련 사안에 대한 토론, 청문, 보고회에 참여경험이 있는가에 대한 조사결과 대부분의 구민들은 지역정치에 적극적으로 참여하지 않는 것으로 나타났다. <표 9>에 나타난 바와 같이 "관련 토론, 청문, 보고회에 참여경험이 있는가?"의 질문에 21.7%만이 참여경험이 '있다'고 응답하였고, 78.3%는 '없다'고 응답하였다.

<표 10> 중앙이나 지방정치과정 참여형식과 방법

구분		빈도	비율	축적비율
항목	시민단체 활동	9	12.7	12.7
	청원	5	7.0	19.7
	국회의원, 시·구의원 면담	5	7.0	26.8
	물리적 방법(데모)	11	15.5	42.3
	자원봉사	11	15.5	57.7
	인터넷 민원이나 청원, 제안	30	42.3	100.0
합계		71	100.0	100.0

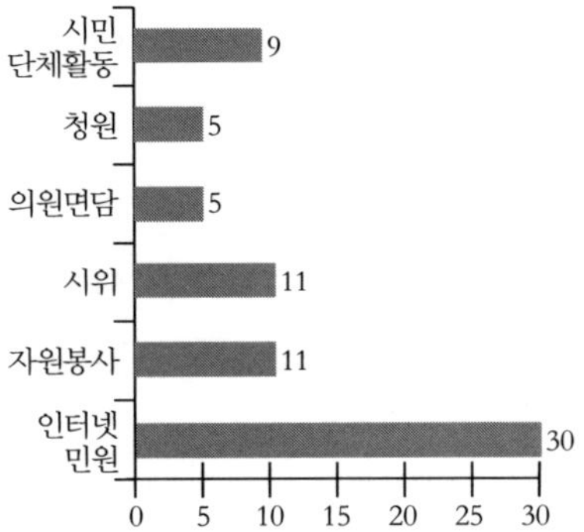

서구 구민들이 정치과정에 참여하는 가장 주된 방식은 인터넷을 통한 민원이나 건의형식인 것으로 나타났다. '중앙이나 지방정치과정 참여형식과 방법은 무엇인가?'의 질문에 응답자의 42.3%가 '인터넷 민원이나 청원, 제안'이라고 응답하였고, 다음으로 '자원봉사'(15.5%), '시위 등의 물리적 방법'(15.5%), '시민단체 활동'(12.7%) 등의 순으로 나타났다. 이에 비해 국회의원, 시·구의회 의원 등과의 대화, 의회를 통한 청원 등은 각각 7.0%로 낮은 비율을 보였다.

7) 지역정치인의 적극적 활동에 대한 인식

<표 11> 지역정치인의 의정활동의 적극성에 대한 인식

구분		빈도	비율	축적비율
항목	매우 그렇다	10	2.9	2.9
	그렇다	36	10.3	13.1
	보통	89	25.4	38.6
	아니다	155	44.3	82.9
	전혀 아니다	60	17.1	100.0
	합계	350	100.0	

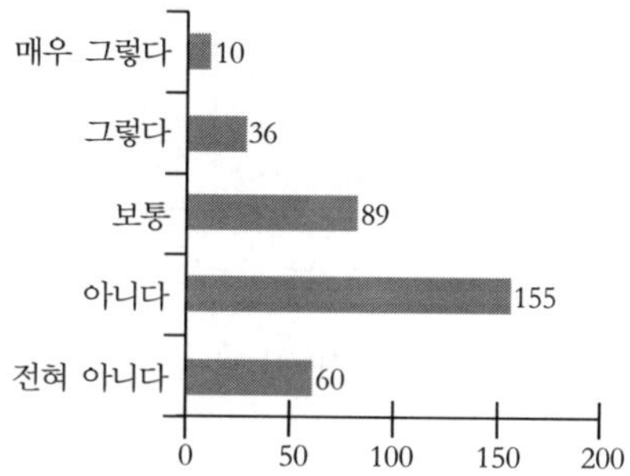

지역정치인들의 의정활동에 대한 서구 구민들의 인식은 부정적인 면이 강한 것으로 나타났다. 조사결과를 보면 응답자의 13.1%만이 지역정치인들이 의정활동을 적극적으로 하고 있다고 인식하고 있고, 61.4%는 적극적으로 하고 있지 못하다고 생각하고 있는 것으로 나타났다. 이러한 결과는 지역소속 정치인들이 선거시를 제외하고는 일상적인 지역사회에서 주민들과 빈번한 접촉과 활동이 이루어지고 있지 못한 측면을 현시하고 있다고 할 수 있다.

8) 지역정치인의 적극적 의정활동과 투표행위의 상관성

조사결과 "시 · 구 의원들의 적극적인 활동이 투표행위에 영향을 미치는가?"라는 질문에 조사대상자의 36.9%가 긍정적으로 응답하였고, 26.3%는 부정적으로 응답하여 시 · 구의회 의원들의 적극적인 의정활동이 투표행위에 영향을 미치고 있다는 것을 알 수 있다.

<표 12> 지역정치인의 활동과 투표행위에 미치는 영향에 대한 인식

구분		빈도	비율	축적비율
항목	매우 그렇다	34	9.7	9.7
	그렇다	95	27.1	36.9
	보통	129	36.9	73.7
	아니다	65	18.6	92.3
	전혀 아니다	27	7.7	100.0
합계		350	100.0	

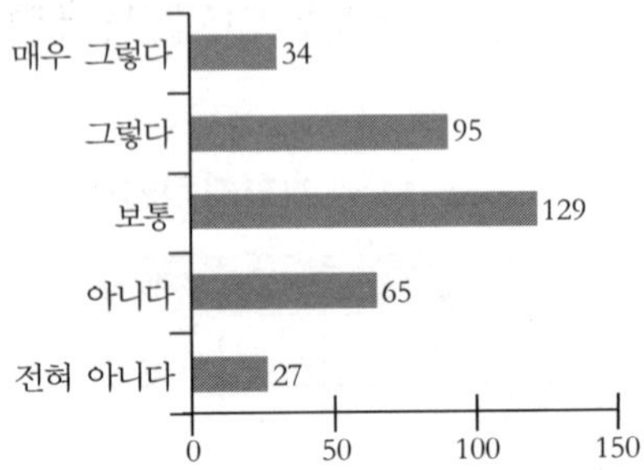

9) 투표행위에 대한 가치인식

<표 13> 자신의 투표행위가 의정활동에 영향을 주는지에 대한 가치인식

구분		빈도	비율	축적비율
항목	매우 그렇다	40	11.4	11.4
	그렇다	159	45.4	56.9
	보통	112	32.0	88.9
	아니다	26	7.4	96.3
	전혀 아니다	13	3.7	100.0
합계		350	100.0	

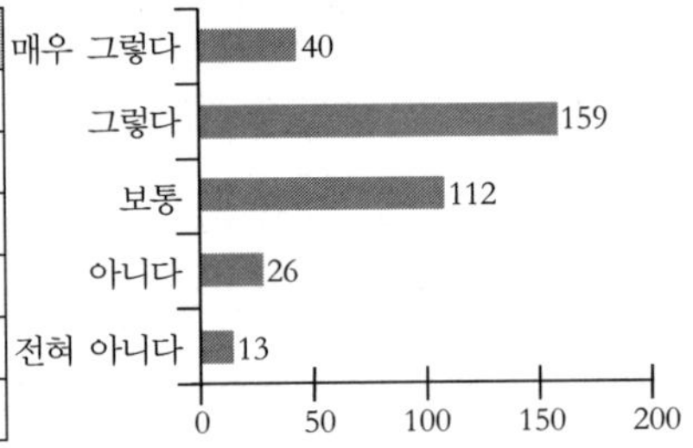

일반주민들의 능동적이고 적극적인 정치과정의 참여는 자신의 투표행위에 대한 가치인식이 선행되어야 한다. 일련의 지방정치과정 역시 지역주민의 일상사와 관련성을 갖고 이루어지기 때문이다. 서구 구민들은 지방선거시 행사하는 자신의 표가 지역정치과정이나 의정활동에 영향을 미치는 중요한 과정임을 인식하고 있다는 것을 알 수 있다. 조사결과를 보면 이에 대해 긍정적인 인식을 갖고 있는 사람이 56.9%로 나타났고, 반대로 부정적인 인식을 갖고 있는 사람은 11.1%

로 긍정적 가치인식이 월등히 높음을 알 수 있다.

10) 중앙정치와의 상관성

<표 14> 중앙정치의 혼란이 미치는 영향 인식

구분		빈도	비율	축적비율
항목	매우 그렇다	53	15.1	15.1
	그렇다	167	47.7	62.9
	보통	94	26.9	89.7
	아니다	24	6.9	96.6
	전혀 아니다	12	3.4	100.0
	합계	350	100.0	

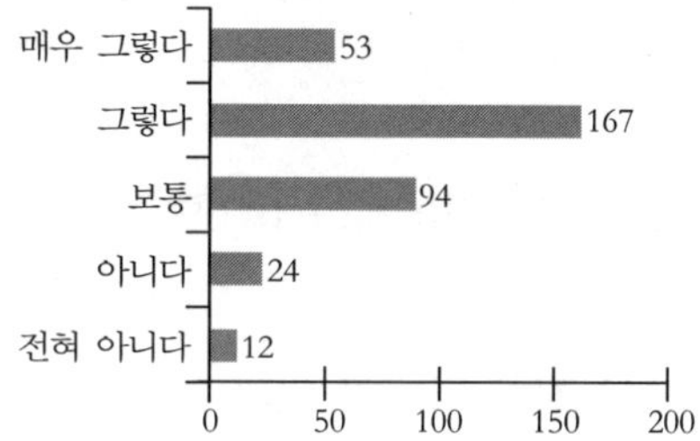

지방정치는 중앙정치와의 유기적인 관계 속에서 행하여지는 것이 보통이다. 특히 우리나라와 같이 자치단체장이나 광역의원의 구성에 정당의 역할을 크게 강조하고 있는 국가에서는 더욱 그러하다. 이러한 점은 서구 구민들의 정치의식 속에도 그대로 투영되어 있는 것을 알 수 있다. '중앙정치의 혼란 때문에 지방정치에 참여하고 싶지 않은 경험'이 있는가의 질문에 대해 62.9%가 긍정적으로 응답하였고, 10.3%만이 영향이 없다고 하여 서구 주민들 또한 중앙의 정치적 혼란이 자신의 선거참여 행위에 영향을 미쳤음을 인정하였다.

11) 지역정치의 성숙도 인식

지방자치 초기의 지방정치과정에 비해 현재의 정치적 성숙도는 어떠한가에 대한 서구 구민들의 인식은 상당히 부정적으로 나타났다. 지방자치 실시 초기와 현재를 비교할 때 정치활동이 성숙되었다고 생

<표 15> 지역정치의 성숙도 인식

구분		빈도	비율	축적비율
항목	매우 그렇다	17	4.9	4.9
	그렇다	46	13.1	18.0
	보통	127	36.3	54.3
	아니다	127	36.3	90.6
	전혀 아니다	33	9.4	100.0
합계		350	100.0	

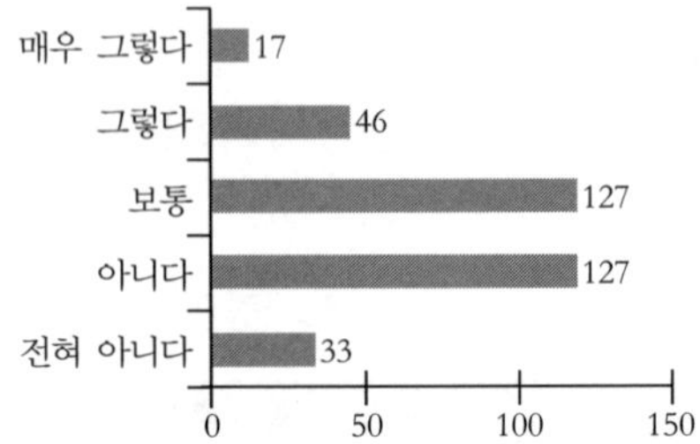

각하는가의 질문에서 18.0%의 구민만이 긍정적으로 답하였고, 45.7%의 주민은 부정적으로 응답하였다. 따라서 구민들은 아직도 정치에 대한 불신이 여전히 남아 있으며, 한편으로는 실제 정치과정의 성숙 정도가 상당히 개선되었음에도 이를 주민들이 인식할 수 있도록 적절한 활동과 조치들이 미흡하다고 지적할 수 있다.

12) 정치의 성숙도와 삶의 질에 대한 인식

<표 16> 정치의 성숙도와 삶의 질에 대한 인식

구분		빈도	비율	축적비율
항목	매우 그렇다	69	19.7	19.7
	그렇다	181	51.7	71.4
	보통	63	18.0	89.4
	아니다	26	7.4	96.9
	전혀 아니다	11	3.1	100.0
합계		350	100.0	

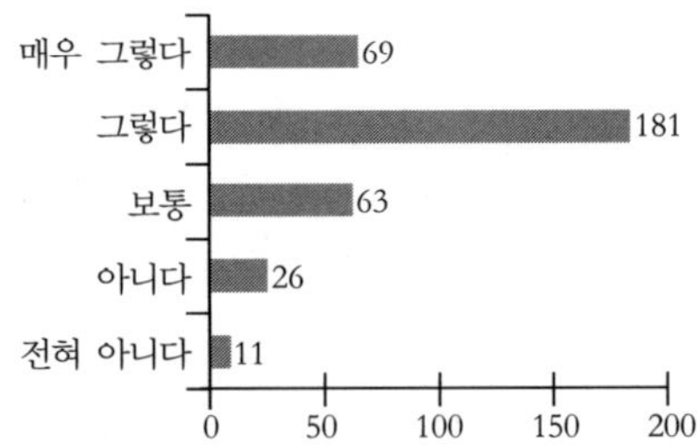

지역정치의 성숙도와 삶의 질에 대한 인식에서 서구 구민들은 대부분 긍적적인 인식을 갖고 있는 것을 알 수 있다. '지역 정치활동 성숙도가 자신의 삶의 질에 영향을 미친다고 생각하는가?'의 질문에

대해 71.4%가 이를 인정하고 있었고, 10.5%는 이를 부정하고 있는 것으로 나타났다.

13) 선거참여도가 낮은 이유

<표 17> 정치인의 행태와의 관련성

구분		빈도	비율	축적비율
항목	매우 그렇다	46	13.1	13.1
	그렇다	106	30.3	43.4
	보통	96	27.4	70.9
	아니다	92	26.3	97.1
	전혀 아니다	10	2.9	100.0
	합계	350	100.0	

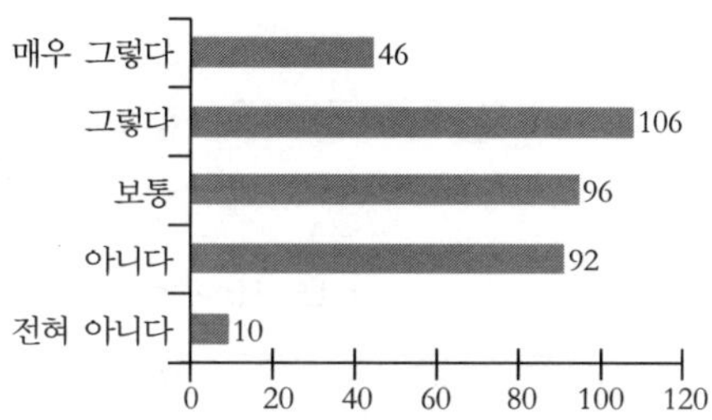

대부분의 지역에서 지방선거의 참여율이 낮은 것으로 나타나고 있다. 인천광역시와 서구도 예외는 아니어서 단체장선거나 시·구의회 의원 선거의 참여도가 매우 낮은 편이다. 그런데 이렇게 선거의 참여도가 낮은 이유에 대해서 선거제도상의 문제보다는 정치인의 행태에 원인이 있다고 보는 주민의 비율이 높았다. <표 17>과 <표 18>에서 보는 바와 같이 '주민 선거참여도가 낮은 이유가 정치인의 자질 때문이라고 생각하나?'의 질문과 '주민 선거참여도가 낮은 이유가 선거제도상의 문제 때문이라고 생각하나?'의 질문에서 긍정하는 응답이 각각 43.4%와 26.3%로 정치인의 행태가 선거참여율을 떨어뜨리고 있다는 인식이 높다는 것을 알 수 있다.

<표 18> 선거제도와의 관련성

구분		빈도	비율	축적비율
항목	매우 그렇다	26	7.4	7.4
	그렇다	66	18.9	26.3
	보통	136	38.9	65.1
	아니다	96	27.4	92.6
	전혀 아니다	26	7.4	100.0
	합계	350	100.0	

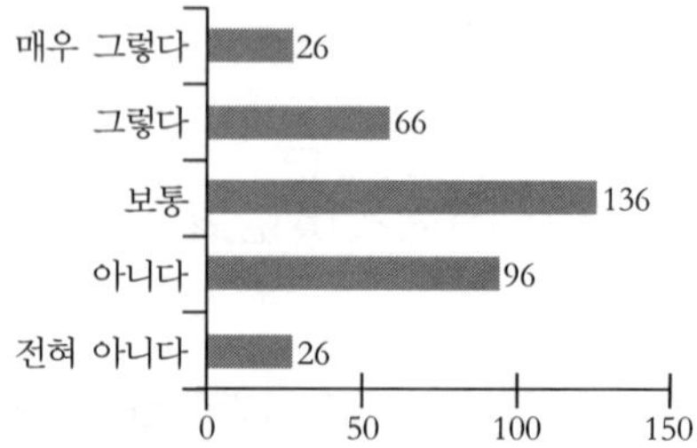

14) 정치과정에의 참여여부

<표 19> 정치과정에의 참여여부

구분		빈도	비율	축적비율
항목	매우 그렇다	23	6.6	6.6
	그렇다	154	44.0	50.6
	보통	112	32.0	82.6
	아니다	51	14.6	97.1
	전혀 아니다	10	2.9	100.0
	합계	350	100.0	

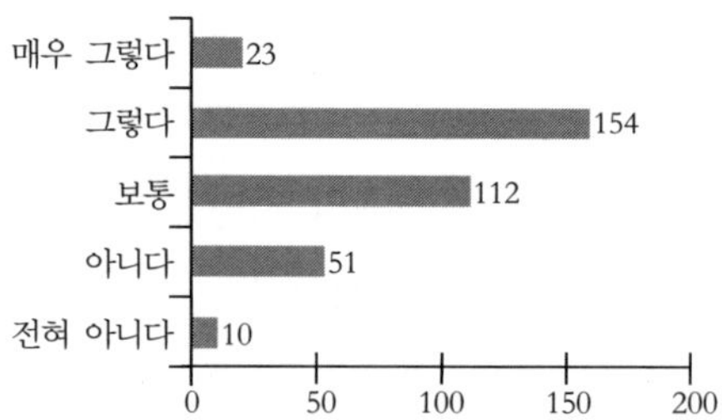

지역의 전반적인 정치과정에의 참여와 관련하여 참여와 관련한 제도적 장치도 주민들의 건전한 정치참여에 상당한 영향을 미치고 있다는 것을 알 수 있다. '지역 현안문제에 대한 청문 · 토론이 제도적으로 만들어지면 적극적으로 의견을 제시하겠는가?'라는 질문에 50.6%가 적극적으로 긍정함으로써 부정한 17.5% 보다 월등히 높은 비율을 보였다.

Ⅲ. 남구민의 정치의식

우리가 맞고 있는 21세기는 지방자치를 기초로 한 주민참여의 여론정치시대가 본격적으로 전개되고 있다. 2003년에 새로 출범한 정부도 '참여정부'로 규정하면서 한국 사회를 참여민주주의의 이상이 구현되는 민주사회로 건설하겠다는 의지를 천명하였다. 중앙의 권력을 지방으로 이양하는 분권을 통하여 지방주민들의 자치시대를 본격화시켜 나갈 수 있는 기반을 마련한다는 방침을 세워놓고 있다. 이에 따라 한국의 민주주의는 보다 공고화의 단계로 넘어가는 양상으로 전개될 전망이다.

이제 한국에서 분권형 자치시대가 본격화되면 각 지역사회는 자율적으로 자신들의 문제를 독자적인 힘으로 해결해 나가야 한다. 뿐만 아니라 지방자치도 시장경제와 마찬가지로 다른 자치단위와 치열한 경쟁관계에서 살아남기 위한 경쟁력을 확보하지 않으면 안 된다.

지방자치를 통해 지역주민의 이익과 복지가 증진되려면 우선적으로 지역주민의 자치능력이 선행되어야 한다. 일반적으로 민주정치는 여론에 의한 정치이기 때문이다. 이것은 민주정치는 국민에 의한 정치라는 정치원리에서 국민의 의사에 따른 정치를 말한다. 국민에 의한 정치에서 여론은 민주정치의 필요 · 충분조건 중의 하나이다.

민주정치에 있어 기초가 되는 주민이 직접 참여하는 주민자치에는 한계가 있다. 이해당사자 간의 충돌로 인하여 정치적 혼란이 불가피하다는 문제점을 안고 있기 때문이다. 이와 같은 한계를 극복하기 위하여 도입된 제도가 대의정치이다. 따라서 지방자치에 기초한 대의정치가 발전하기 위해서는 지역주민의 정치의식이나 정치행태를 파악하는 일이 대단히 중요하다.

대의정치는 여론정치일 수밖에 없고, 여론정치는 주민의 정치의식을 직접 확인하는 데서만 민주정치의 진실과 실체를 확인할 수 있다. 이와 같이 민주정치 내지 주민자치에 있어 여론수렴 과정으로서의 주민에 대한 정치의식 연구가 필요함에도 불구하고 국가나 광역시 단위를 넘는 기초자치단체에 대한 연구는 여전히 빈약한 상태이다.

이에 본고는 인천광역시를 구성하고 있는 기초자치단체의 주민을 대상으로 하여 정치의식을 조사하고자 한다. 이 조사의 대상과 방법은 인천광역시의 남구주민을 대상으로 하여 설문조사 방식을 통하여 접근하고자 한다.

1. 정치의식 조사의 일반적 사항[9]

1) 조사의 일반적 내용

본래 정치민주화에 미치는 영향요인은 다양한 것으로 지적되어 오고 있다. 한 국가의 정치 시스템에서 국민 개개인의 의식에 이르기까지 어느 한 요인에 의해 좌우된다기보다는 다양한 요인들이 복합적으로 작용하는 것이 보다 일반적이다. 이는 일정한 지역을 기본단위로 수행되는 지방정치에서도 마찬가지로 지방정치의 민주화 역시 국가 전체의 정치 시스템에서 나타나는 요인들이 특수한 경우 이외에는 대

9. 이 논문에서 인용된 내용 『인천광역시사』(2002), 정치편과 본인의 논저에서 인용된 것은 특별히 전거를 밝히지 않았다.

부분 유사하게 적용된다.

광역자치체로서의 인천광역시나 자치구인 남구 역시 이러한 기초적인 토대 위에 과거와는 향상된 정치의식을 최근의 선거나 투표에서 나타나 있다. 그러나 이는 개연성 높은 사실일 뿐 검증되지 못한 면이 크기 때문에 자치체인 인천광역시 남구 주민들의 정치의식을 객관적인 지표를 통해 나타내는 것이 필요하다.

이를 위해 본고에서는 인천광역시 남구에 거주하는 남구 주민들의 정치의식을 설문조사법을 이용 계량적으로 분석하였다.

설문은 총 27문항으로 구성되었고, 인구통계학적 요인에 관한 5문항을 제외하고 22문항이 정치의식을 묻는 지표로 사용되었다. 문항의 내용은 투표행위의 영향요인, 참여도, 지역사회에 대한 관심 정도, 의원의 행태, 정치환경, 정책적 요인 등으로 구성되었다.

설문은 500부가 배포되어 302부가 수거되었으며, 이 중 통계적으로 유의하지 못한 65부를 제외한 237부가 통계에 이용되었다. 237부의 통계자료 중에서도 설문내용에 따라 응답률이 상이하다는 점에서 각 문항을 통해 표기된 응답합계 수치가 차이가 있다는 사실에 유의할 필요가 있다.

2) 인구통계학적 특성

설문대상자의 인구통계학적 요인을 성별, 나이, 연령, 학력, 출신지별로 살펴보면 다음과 같다.

<표 1> 성별

구분	빈도	비율	누적비율
남자	102	43.0	43.0
여자	134	56.5	99.5
미확인	1	0.5	100.0
합계	237	100.0	

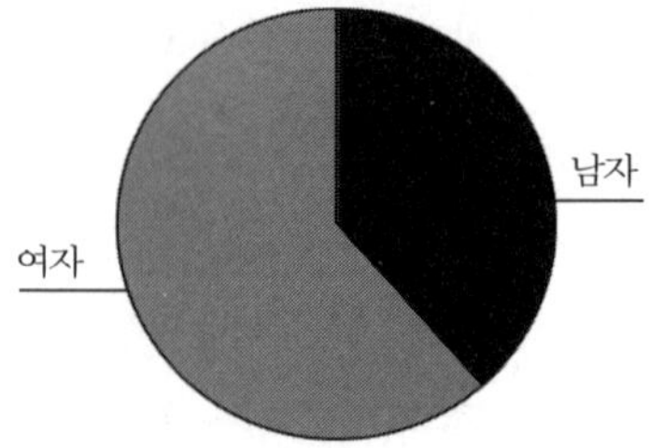

설문대상자 성별 분포는 총 합계 237명 중 남자가 43.0%(빈도 102명)이고, 여자가 56.5%(빈도 134명)로 여자 응답자가 남자 응답자 보다 13.5% 많았다. 미확인이 1명이었다.

<표 2> 나이

구분	빈도	비율	누적비율
20대	117	49.4	49.4
30대	57	24.0	73.4
40대	44	18.6	92.0
50대	13	5.5	97.5
60대 이상	6	2.5	100.0
합계	237	100.0	

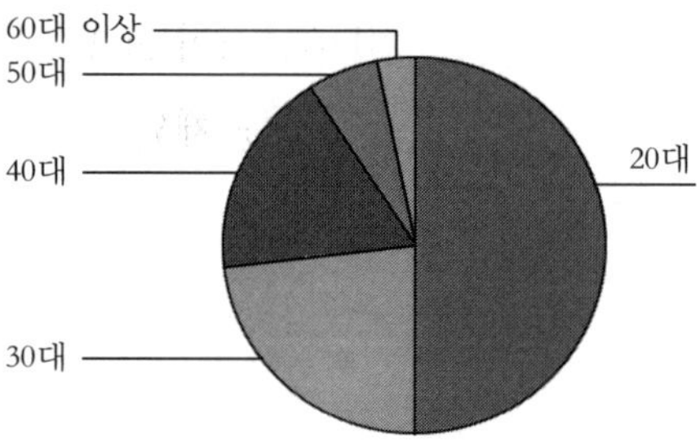

설문 응답자의 연령층은 총 합계 237명 중 20대가 117명으로 49.4%로 가장 많았고, 30대가 57명으로 24.0%, 40대가 44명 18.6%이다. 그리고 50대는 13명 5.5%, 60대 이상 6명 2.5%이다.

<표 3> 학력

구분	빈도	비율	누적비율
초등학교 이하	2	0.8	0.8
중졸	8	3.4	4.2
고졸	76	32.2	36.4
대졸(전문대 포함)	140	59.4	95.8
대학원 이상	10	4.2	100.0
합계	236	100.0	

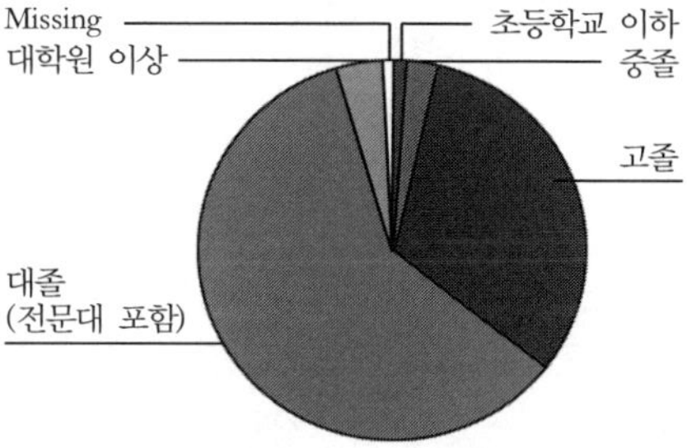

설문 응답자의 학력은 총 합계 236명 중 학력은 대졸(전문대 포함)이 과반수 이상인 59.3%(빈도 140명)로 가장 많았다. 다음으로 고졸이 32.2%(빈도 76명), 대졸과 고졸이 전체의 91.5%를 차지하였다.

나머지는 대학원 이상이 4.2%(빈도 10명), 중졸 3.4%(빈도 8명), 초등학교 이하 0.8%(빈도 2명)순이다. 1명은 학력불명으로 제외하였다.

<표 4> 직업

구분	빈도	비율	누적비율
상업 (자영업)	8	3.4	3.4
일반직장인	50	21.2	24.6
공무원	45	19.0	43.6
학생	58	24.6	68.2
주부	15	6.4	74.6
교육계	1	.4	75.0
기타	59	25.0	100.0
합계	236	100.0	

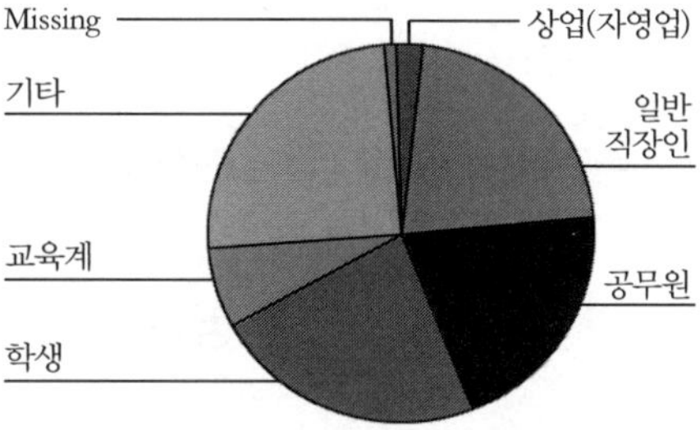

설문 응답자 236명 중 직업을 보면 기타라고 응답한 사람이 59명으로 25.0%, 학생이 58명으로 24.6%로 기타직업과 학생 응답자가 많았다. 다음으로 일반직장인이 50명 21.2%, 공무원이 45명 19.1%로 대체적으로 20% 안팎의 고른 응답자 분포이다.

주부 6.4%, 상업(자영업) 3.4%, 교육계 0.4%로서 주부, 상업, 교육계 종사자 응답자의 수는 적었다.

<표 5> 출생지(고향)

구분	빈도	비율	누적비율
인천	117	49.6	49.6
인천 이외의 지역	119	50.4	100.0
합계	236	100.0	

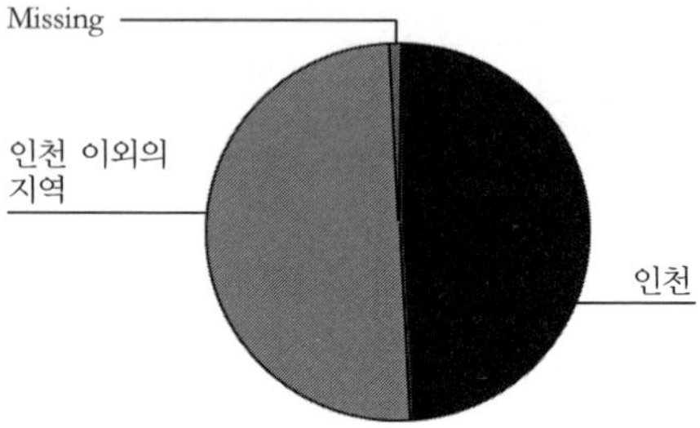

설문 응답자 총 236명 중 출생지(고향)는 119명이 인천 이외의 지역이라고 응답하여 타지역 출신이 전체의 50.4%였고, 인천 출신은 117명으로 49.6%으로 타지역 출신과 인천지역 출신의 비율이 각각 절반 정도이다.

2. 남구민의 정치의식

1) 정치참여의 영향요인

> 현재 남구에서 정치과정에 참여하고 또 가장 영향을 미치는 요인은 무엇인가?

<표 1> 정치참여의 영향요인

구분	빈도	비율	누적 비율
지역구 국회의원	52	22.3	22.3
남구지역 정당인(정치인), 구・시의원	74	31.8	54.1
남구 공무원	14	6.0	60.1
시민단체	10	4.3	64.4
일반주민들의 힘	18	7.7	72.1
지역 경영자	9	3.9	76.0
지역 학자들	1	0.4	76.4
각종 이익집단들	28	12.0	88.4
지역 언론	13	5.6	94.0
인천광역 시장	14	6.0	100.0
합계	233	100.0	

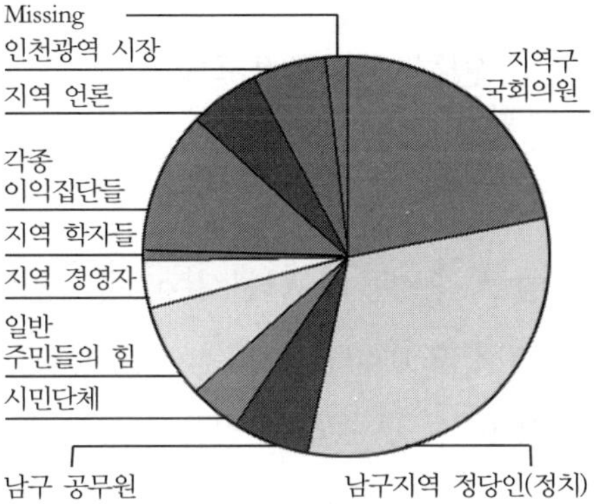

이 설문은 남구 주민들이 지역정치에 참여하는 과정에서 영향을 미친 행위자를 파악하는 데 목적이 있다.

남구 주민 응답자가 남구 정치과정에 참여하고 가장 영향을 미치는 요인으로 가장 많이 응답한 것은 총 233명 중 74명 31.8%가 남구지역 정당인(정치인), 구・시의원이었다. 다음으로 지역구 국회의원이라고 응답한 사람이 52명으로 22.3%였고, 28명 12.0%가 각종 이익집단들이라고 하였다. 반면에 지역 학자들(0.4%), 지역 경영자(3.9%), 시민단체(4.3%)의 영향력은 상대적으로 낮다고 응답하였다.

조사한 바에 의하면 국회의원과 정당인, 구・시의원들의 영향력이 크게 작용한 반면에, 시민단체 등의 일반시민들의 영향력은 언론에서 드러나는 것보다 상대적으로 적은 것으로 나타났다.

이것은 기초자치단체의 정치에 관심을 갖고 있는 시민들의 활동이 비교적 저조하기 때문으로 풀이된다.

2) 선거 참여정도

① 인천시장 선거 참여정도

> 인천시장 선거에 얼마나 적극적으로 참여하고 있는가?

남구 주민들의 인천시장 선거 참여정도를 묻는 질문에 총 236명 중 85명 36.0%가 매번 참여한다고 하였다. 그리고 1-2회 참여가 73명 30.9%, 참여한 적 없음이 30%에 가까운 28.0%였다. 반면 3회 이상 참여가 12명으로 5.1%로 적은 응답이 나왔다.

<표 2-1> 인천시장 선거 참여정도

구분	빈도	비율	누적비율
참여한 적 없음	66	28.0	28.0
1-2회	73	30.9	58.9
3회 이상	12	5.1	64.0
매번 참여	85	36.0	100.0
합계	236	100.0	

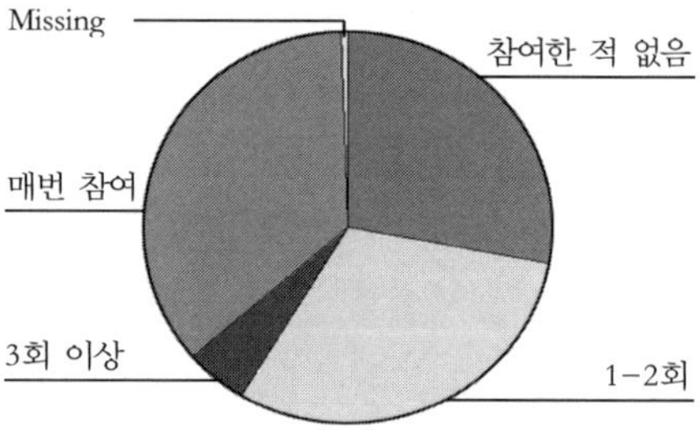

② 구청장 선거 참여정도

> 구청장 선거에 얼마나 적극적으로 참여하고 있는가?

남구 주민을 대표하는 구청장 선거에 대한 참여정도를 묻는 질문에서는 총 235명 중 76명 32.3%가 매번 참여한다고 하였고, 74명이 참여한 적 없다고 하여 전체의 31.5%나 되었으며, 1-2회 이상 참여하였다고 한 사람이 71명 30.2%, 3회 이상 참여했다는 구민이 14명

<표 2-2> 구청장 선거 참여정도

구분	빈도	비율	누적비율
참여한 적 없음	74	31.5	31.5
1-2회	71	30.2	61.7
3회 이상	14	6.0	67.7
매번 참여	76	32.3	100.0
합계	235	100.0	

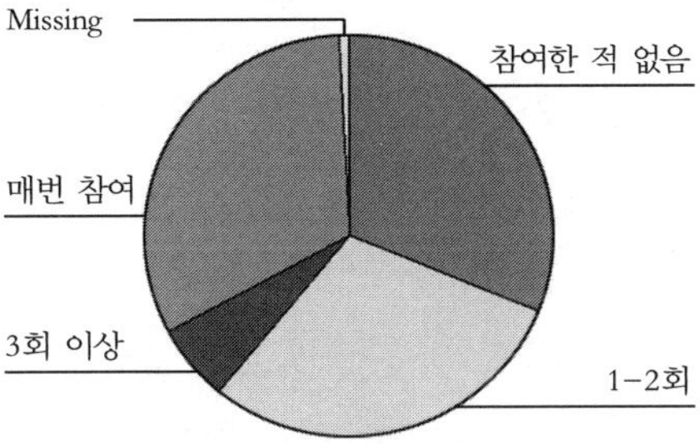

으로 6.0%로 나타나고 있다.

③ 인천시의원 선거 참여정도

인천시의원 선거에 얼마나 적극적으로 참여하고 있는가?

<표 2-3> 인천시의원 선거 참여정도

구분	빈도	비율	누적비율
참여한 적 없음	86	36.8	36.8
1-2회	64	27.3	64.1
3회 이상	10	4.3	68.4
매번 참여	74	31.6	100.0
합계	234	100.0	

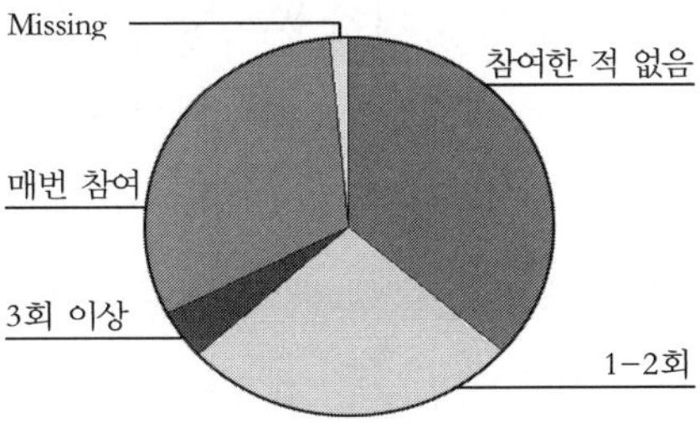

인천시의원 선거 참여정도를 묻는 설문에 총 234명 중 86명이 참여한 적 없다고 응답하여 전체의 36.8%를 차지하였다. 시의원 선거에 대한 참여정도가 매우 저조함을 확인할 수 있다. 이에 따르면 자치단체장보다 의원선거에 대한 관심이 상대적으로 낮은 것으로 나타나고 있다.

매번 참여한다는 사람이 74명으로 31.6%, 1-2회 참여가 64명 27.

3%, 3회 이상 참여한다는 사람이 10명 4.3% 순이다.

④ 구의회의원 선거 참여정도

구의회의원 선거에 얼마나 적극적으로 참여하고 있는가?

<표 2-4> 구의회의원 선거 참여정도

구분	빈도	비율	누적비율
참여한 적 없음	84	36.1	36.1
1-2회	67	28.7	64.8
3회 이상	9	3.9	68.7
매번 참여	73	31.3	100.0
합계	233	100.0	

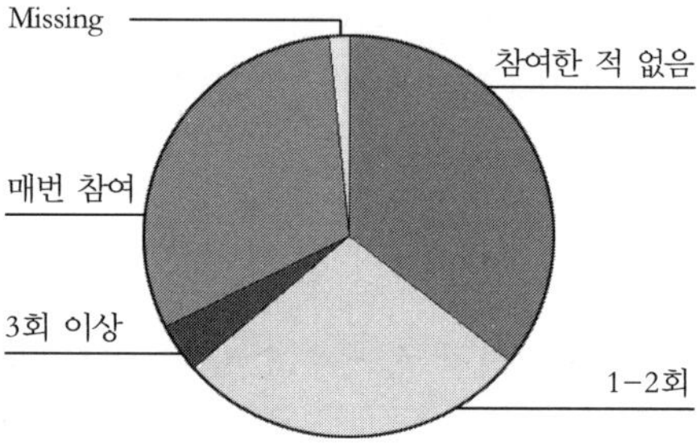

구의회의원 선거 참여정도를 묻는 설문에 총 233명 중 가장 많은 비율을 차지하는 응답은 참여한 적 없다는 것이었다. 빈도 84명으로 비율은 36.1%를 차지하였다. 이에 따르면 구의원 선거가 시의원 선거보다는 지역민들에게 더 많은 관심을 갖고 있는 것으로 나타나고 있다.

다음으로 73명 31.3%가 매번 참여한다고 하였고, 1-2회 참여했다는 응답이 67명 28.7%였으며, 3회 이상 참여한다고 응답한 사람은 9명 3.9%였다.

이상의 조사결과에 따르면, 지역주민의 대표를 선출하는 과정에 참여하지 않는 주민이 평균 30%에 달하고 있다. 이것은 지방자치시대의 참여정치의 주민으로서의 역할이 제대로 이루어지지 못하고 있음을 보여주고 있다. 따라서 지역주민을 참여의식을 높여나갈 수 있는 방안이 절실하게 요구되고 있다.

3) 선거 참여동기 1순위

선거(투표)에 참여할 때 참여동기는 무엇인가?

<표 3> 선거 참여동기

구분	빈도	비율	누적 비율
① 지방정치의 발전을 위해서	76	34.4	34.4
② 지역발전에 보탬이 된다는 생각에서	71	32.1	66.5
③ 올바른 후보를 뽑음으로써 나에게 이익이 되니까	48	21.7	88.2
④ 주위 사람의 권유에 의해서	5	2.3	90.5
⑤ 아무 생각 없이 기계적으로	11	5.0	95.5
⑥ 대가 때문에 의무감이 생겨서	4	1.8	97.3
⑦ 지역적인 연고 때문에	5	2.2	99.5
⑧ 개인적인 친분 때문에	1	0.5	100.0
합계	221	100.0	

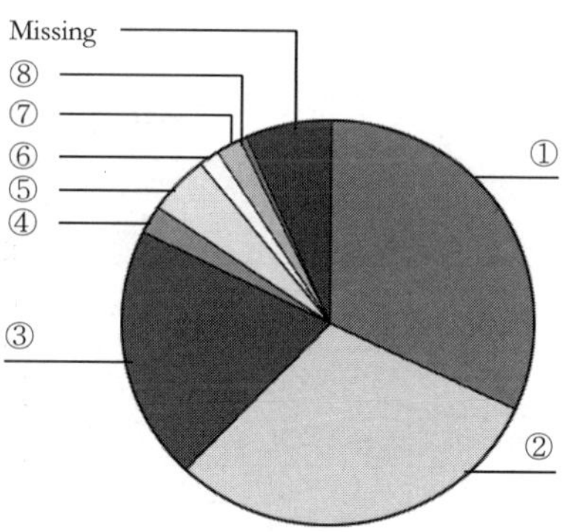

지방선거에 참여할 때의 참여동기를 묻는 설문에 답한 총 221명 중 지방정치의 발전을 위해서가 76명 34.4%, 지역발전에 보탬이 된다는 생각에서가 71명 32.1%로 분포를 보여주고 있다. 다음으로 올바른 후보를 뽑음으로써 나에게 이익이 되니까라는 응답이 48명 21.7%로 많았다.

반면에 개인적 친분 때문에(0.5%), 대가 때문에 의무감이 생겨서

(1.8%), 지역적인 연고 때문에(2.2%), 주위 사람의 권유에 의해서(2.3%), 아무 생각 없이 기계적으로(5.0%) 등의 대답을 한 사람들은 아주 적었다.

이에 따르면 남구 주민의 정치참여가 사적 이익보다도 공적 가치를 추구하기 위하여 이루어지고 있음을 보여주고 있다.

4) 선거 불참 이유

▲ 선거(투표)에 불참할 때의 이유가 무엇인가?

<표 4> 선거 불참 이유

구분	빈도	비율	누적 비율
① 정치인의 행태에 염증을 느껴서	65	34.8	34.8
② 후보자가 모두 그 사람이 그 사람인 것 같아서(마음에 안 들어)	73	39.0	73.8
③ 귀찮아서	15	8.0	81.8
④ 선거가 있는지 몰라서	3	1.6	83.4
⑤ 나에게 이익이 없으니까	5	2.7	86.1
⑥ 지역적인 연고나 학연이 없어서	8	4.3	90.4
⑦ 지역적인 대립에 염증이 나서	7	3.7	94.1
⑧ 기타	11	5.9	100.0
합계	187	100.0	

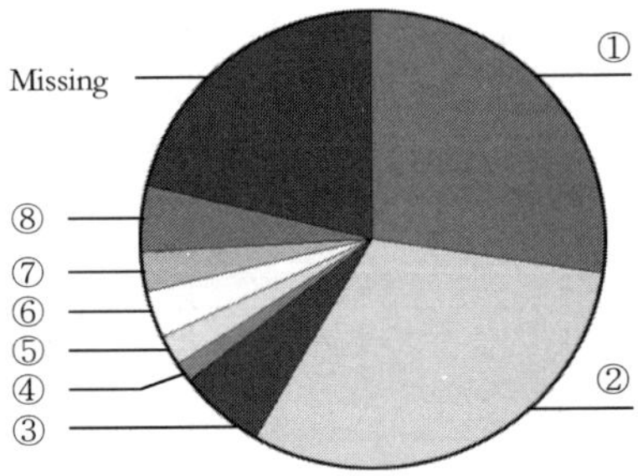

선거에 불참할 때의 이유를 묻는 설문에 총 187명 중 73명 39.0%가 후보자가 모두 그 사람이 그 사람인 것 같아서(마음에 안 들어)라고 응답하였고, 65명 34.8%가 정치인의 행태에 염증을 느껴서라고 응답

하였다. 위의 응답자 73.8%가 기존 정치에 대한 부정적 인식에 의한 선거 불참요인으로 작용하고 있음을 보여주고 있다.

소수응답으로는 선거가 있는지 몰라서(1.6%), 나에게 이익이 없으니까(2.7%), 지역적인 대립에 염증이 나서(3.7%)라고 하였다.

이에 따르면 남구 주민들의 정치참여에 대한 불참은 지방정치를 중앙정치의 연장선상에서 바라보고 있음을 보여주고 있다. 지역정치는 중앙정치와는 달리 권력보다는 지역주민들의 생활에 직결된 생활정치, 지역행정이라는 인식을 심어줄 필요가 있다.

5) 후보선택 기준

후보선택시 가장 중요한 기준은 무엇인가?

<표 5> 후보선택 기준

구분	빈도	비율	누적비율
① 정당	22	9.8	9.8
② 인물	102	45.6	55.4
③ 정책공약	74	33.0	88.4
④ 학교연고	1	0.4	88.8
⑤ 지역연고	2	0.9	89.7
⑥ 나에 대한 장래 이익 보장	6	2.7	92.4
⑦ 내가 속한 집단의 경제적 이익	10	4.5	96.9
⑧ 기타	7	3.1	100.0
합계	224	100.0	

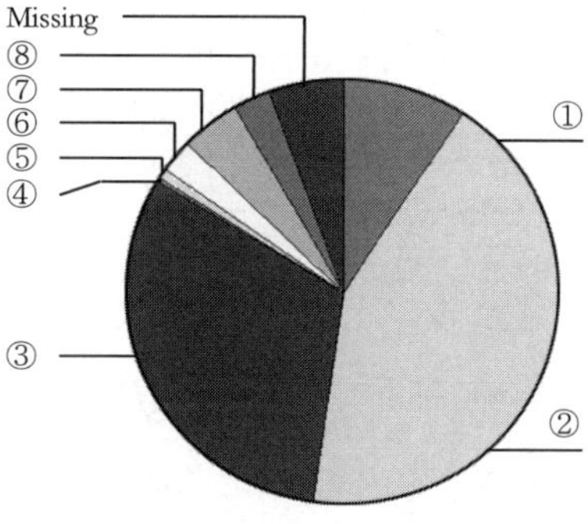

후보를 선택할 때 가장 중요한 기준을 묻는 설문에 인물이라고 응답한 구민들이 전체 224명 중 50%에 가까운 45.6%(빈도 102명)로 가

장 많았다. 다음으로 33.0%(빈도 74명)가 정책공약이 후보선택 기준이라고 하였다. 이외에 정당 9.8%(빈도 22명), 학연(0.4%), 지연(0.9%)로 남구 주민들의 후보선택 기준에 학연, 지연 등이 인물, 정책공약 등에 비해 극히 적은 영향을 미치는 것이 특이할 만하다. 이것은 지역주민들의 선거참여가 지방정치의 발전에 긍정적으로 작용할 수 있는 합리적인 선택방향으로 나아가고 있음을 보여주는 것이라 할 수 있다. 반면에 정당정치의 실현에는 문제가 있음을 확인할 수 있다.

6) 현 구청장에 대한 인지도

▲ 현재 구청장이 누구인지 알고 있는가?

<표 6> 현 구청장을 알고 있는지 여부

구분	빈도	비율	누적비율
있다	137	60.4	60.4
없다	90	39.6	100.0
합계	227	100.0	

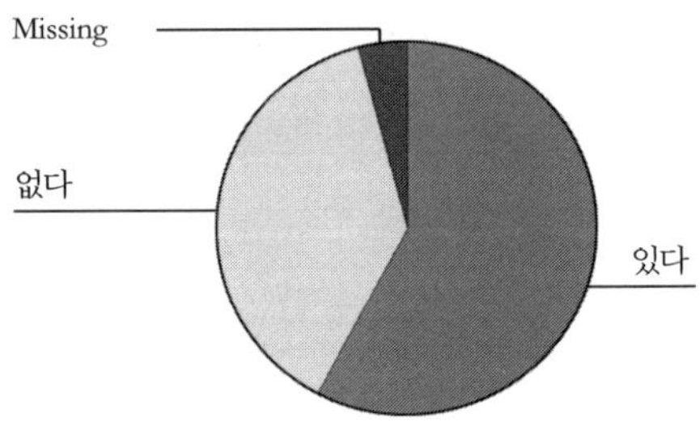

현재 구청장을 알고 있는지를 묻는 설문에 총 227명 과반수 이상인 137명 60.4% 알고 있다고 응답하였다. 그러나 40.0%에 가까운 90명 39.6%는 구청장을 모르고 있다고 하였다. 결과에 따르면 설문대상자의 60% 정도가 구청장이 누구인지 알고 있음으로써 남구 주민들이 남구지방정치에 상당한 관심을 갖고 있다는 것을 간접적으로 나타내고 있다.

7) 현 남구 의회의원에 대한 인지도

> 현재 남구 의회의원 한 사람이라도 아는가?

<표 7>현 남구 의회의원 한 사람이라도 아는지 여부

구분	빈도	비율	누적비율
있다	110	49.1	49.1
없다	112	50.0	99.1
missing	2	0.9	100.0
합계	224	100.0	

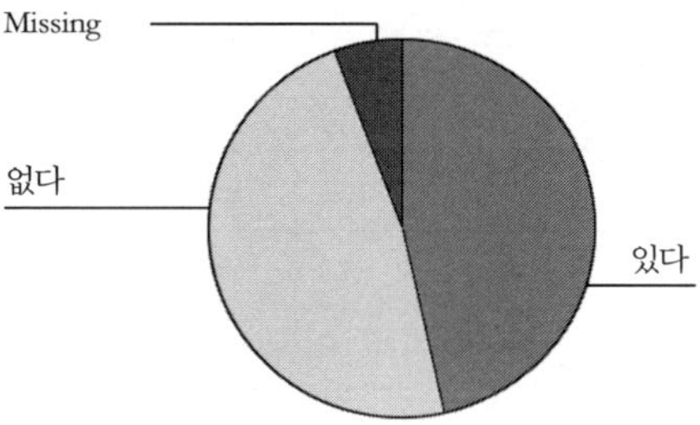

현재 남구 의회의원 중에 한 명의 의원이라도 아는가를 묻는 설문에 총 224명 중 50.0%(빈도 112명)이 모른다고 하였고, 49.1%(빈도 110명)이 알고 있다고 하였다.

현 구청장을 알고 있는지를 묻는 설문에서 모른다고 했던 39.6%보다도 더 많은 50.0%가 남구 의회의원을 한 명도 모른다고 응답하여 자치단체장에 대한 인지도보다 의원에 대한 인지도가 상당히 낮음을 보여주고 있다. 이는 간접적으로 지방의회의 인식이 지역 구민들에 커다랗게 각인되지 못하고 있다는 것을 보여주고 있다.

이것은 선거 이후에 주민들의 대표들이 지역주민들과의 접촉이 그만큼 활성화되지 못하고 있음을 보여주는 것이라고 할 수 있다. 이를 위해서는 주민대표들의 보다 능동적인 홍보전략과 주민접촉이 요구된다.

8) 중앙이나 지방정치에 관한 토론, 청문, 보고회 참여 경험

▲ 중앙이나 지방정치에 관한 토론, 청문, 보고회에 참여한 적이 있는가?

<표 8> 정치과정 참여정도

구분	빈도	비율	누적비율
있다	28	12.6	12.6
없다	194	87.0	99.6
missing	1	.4	100.0
합계	223	100.0	

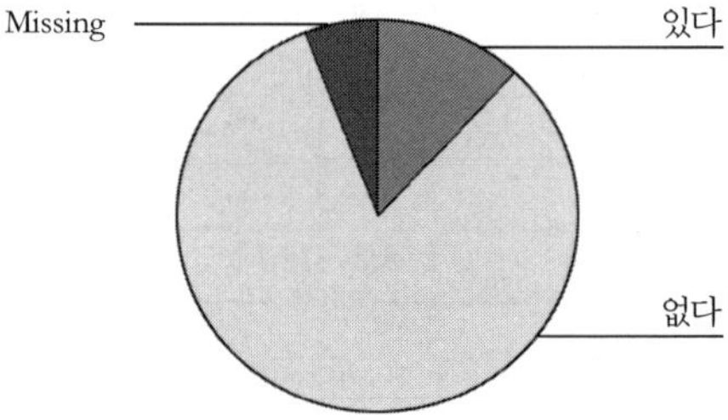

중앙이나 지방정치(국회, 시의회, 구의회 의정활동, 기타)에 관한 토론, 청문, 보고회에 참여한 적이 있는가를 알아보는 질문에 총 223명 중 대부분인 194명 87.0%가 참여한 적이 없다고 하였다. 참여한 적 있다는 응답은 28명 12.6%로 남구 주민들이 선거 이외의 적극적 정치참여 과정이라고 할 수 있는 토론, 청문, 보고회 등에 관심이 적고 소극적임을 알 수 있다.

이것은 주민들의 무관심으로 돌리기보다는 주민들의 참여를 이끌어낼 수 있는 인센티브가 결여된 탓이 더 크다고 볼 수 있을 것이다. 공공적 관심사에 대한 주민들의 참여를 이끌어내기 위해서는 참여에 따른 인센티브 제도를 도입할 필요가 있을 것으로 판단된다.

9) 중앙이나 지방정치과정 참여형식과 방법

> 중앙이나 지방정치과정에 참여한 적이 있다면 그 형식과 방법은 무엇인가?

<표 9> 중앙이나 지방정치과정 참여형식과 방법

구분	빈도	비율	누적 비율
① 시민단체 활동	21	22.3	22.3
② 청원	2	2.2	24.5
③ 국회의원, 시구의원 면담	5	5.3	29.8
④ 물리적 방법(데모)	3	3.2	33.0
⑤ 자원봉사	21	22.3	55.3
⑥ 인터넷 민원이나 청원, 제안	37	39.4	94.7
⑦ 기타	5	5.3	100.0
합계	94	100.0	

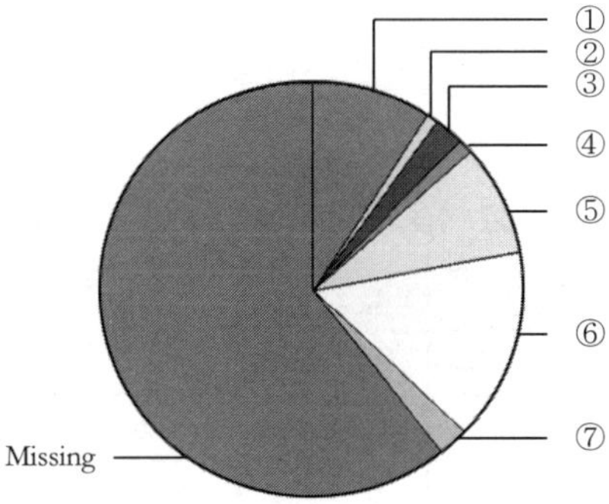

중앙이나 지방정치과정(국회, 시의회, 구의회, 기타)에 참여한 적이 있다면 그 형식과 방법은 무엇인가를 묻는 질문에 총 237명 중 94명만이 응답하였고, 대부분은 정치과정에 참여한 경험이 없는 것으로 나타났다.

총 94명 중 37명 39.4%가 인터넷 민원이나 청원, 제안으로 참여한다고 하여 가장 높은 비율을 차지하였다. 다음으로 시민단체 활동이 22.3%(빈도 21명), 자원봉사 22.3%(빈도 21명)가 똑같은 비율이었다. 반면에 좀더 적극적인 방법인 청원 2.2%, 국회의원·시구의원 면담 5.3%, 물리적 방법(데모) 3.2% 등의 방법은 상대적으로 적었다.

이를 통해 알 수 있는 것은 현대 정보화시대의 변화에 발맞추어 인터넷이나 각종 정보화 매체를 이용한 참여비율이 점점 높아지고 있다는 사실이며, 시민단체와 자원봉사 참여에 의한 정치참여도가 상대적으로 높은 비율을 보이고 있다는 점이다.

10) 지역정치인들의 의정활동의 적극성

지역정치인들이 현안문제 해결을 위해 주민들과 잦은 접촉과 활동을 하는가?

<표 10> 지역정치인의 현안 해결 위한 주민 접촉과 활동 정도

구분	빈도	비율	누적비율
매우 그렇다	6	2.5	2.5
그렇다	20	8.5	11.0
보통	58	24.6	35.6
아니다	127	53.8	89.4
전혀 아니다	25	10.6	100.0
합계	236	100.0	

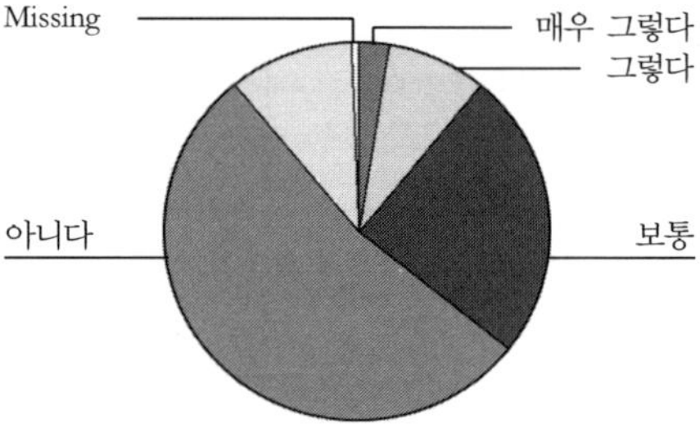

자신의 지역소속 정치인들이 지역적인 현안을 해결하기 위해 주민들과 잦은 접촉과 활동을 하고 있는가를 묻는 질문에 총 236명 중 127명인 53.8%가 아니라고 하였고, 25명 10.6%는 전혀 아니라고 하여 63.8%가 지역정치인들이 현안 해결을 위한 주민접촉과 활동을 매우 소극적으로 하고 있다는 것을 알 수 있다. 이에 비해 제대로 활동하고 있다고 응답한 주민은 그렇다 8.5%, 매우 그렇다 2.5%로 긍정적인 답변은 11%밖에 안 되었다.

11) 시 · 구의원들의 적극적 활동이 투표행위에 영향을 미치는가 여부

설문10과 같은 시 · 구의원들의 적극적 활동이 자신의 투표행위에 영향을 미치는가?

<표 11> 시 · 구의원들의 적극적 활동이 투표행위에 미치는 영향 정도

구분	빈도	비율	누적비율
매우 그렇다	29	12.3	12.3
그렇다	95	40.5	52.8
보통	52	22.1	74.9
아니다	54	23.0	97.9
전혀 아니다	5	2.1	100.0
합계	235	100.0	

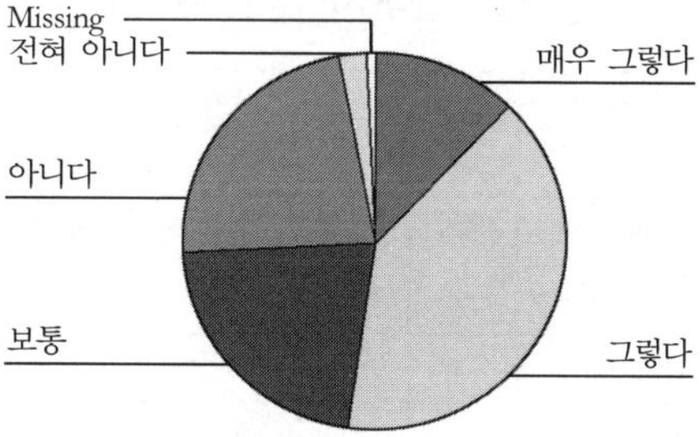

시 · 구의원들이 지역 현안을 해결하기 위해 주민들과 잦은 접촉과 활동을 하는 등의 적극적으로 활동하는 것이 주민들의 투표행위에 영향을 미치는가를 물었다.

총 235명 중 95명 40.5%가 그렇다고 응답하였고, 매우 그렇다고 한 인원은 12.3%(빈도 29명), 아니다가 23.0%(빈도 54명), 전혀 아니다가 2.1%(빈도 5명)로서 긍정적인 답변이 52.3%로 부정적인 답변 25.1%로 많았다. 보통이라고 한 주민은 52명으로 22.1%를 차지하였다.

이를 볼 때 응답인원의 52.7%가 영향을 미친다고 함으로써 의원들의 적극적인 의정활동이 구민들의 커다란 관심사이며, 이러한 점은 바로 투표동기에 영향을 미친다는 것을 알 수 있다. 따라서 남구 주민들의 지역정치 혹은 지역문제에 대한 참여의식을 높이기 위해서는 주민대표들의 보다 적극적인 역할증대가 요망된다.

12) 자신의 투표행위에 대한 인식

지방선거시 자신의 한 표가 지역의정활동에 영향을 미칠 수 있다고 생각하는가?

<표 12> 자신의 투표가 지역의정활동에 영향을 미치는지 여부

구분	빈도	비율	누적비율
매우 그렇다	9	3.8	3.8
그렇다	96	40.9	44.7
보통	90	38.3	83.0
아니다	37	15.7	98.7
전혀 아니다	3	1.3	100.0
합계	235	100.0	

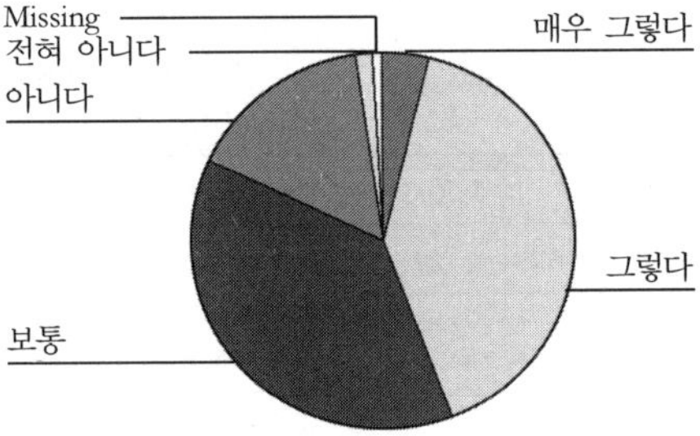

지방선거시 행사하는 자신의 한 표가 자기 지역의 지방의회의 의정활동에 영향을 미치는가를 물었다.

총 235명 중 40.9% 96명이 그렇다고 하였고, 보통이라고 한 주민은 38.3% 90명이었다. 아니라고 응답한 사람은 15.7%(빈도 37명)였다. 대체적으로 긍정적인 인식을 갖고 있는 답변이 우세한 답변이었다.

이를 위해 지방행정당국은 지역관심사의 해결과정을 주민들에게 신속하게 전달・홍보할 수 있는 메커니즘은 개발할 필요가 있다.

13) 중앙정치의 혼란이 정치의식에 미치는 영향

> 중앙정치의 혼란 때문에 지방정치에 참여하고 싶지 않다고 생각한 적이 있는가?

<표 13> 중앙정치 혼란에 의한 지방정치 불참여 정도

구분	빈도	비율	누적비율
매우 그렇다	35	14.9	14.9
그렇다	99	42.1	57.0
보통	33	14.1	71.1
아니다	63	26.8	97.9
전혀 아니다	4	1.7	99.6
missing	1	.4	100.0
합계	235	100.0	

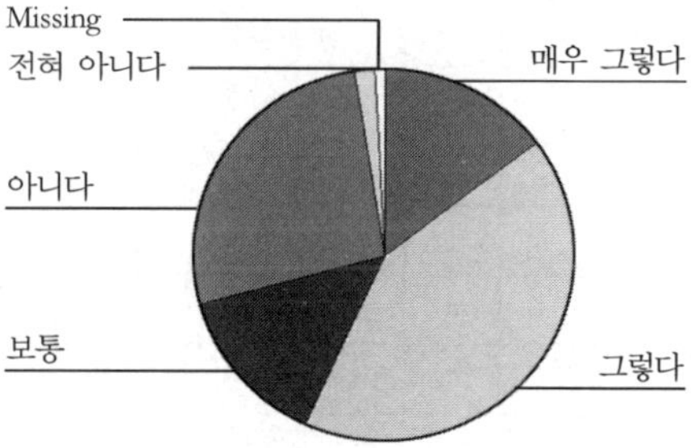

중앙정치의 혼란 때문에 지방정치에 참여하고 싶지 않다고 생각한 적이 있는가를 묻는 설문에 과반수를 조금 넘는 주민이 그렇다 42.1%(99명) 혹은 매우 그렇다 14.9%(35명)가 응답하였다.

반면에 아니라고 응답한 주민은 아니다가 26.8%(63명), 전혀 아니라는 1.7%(4명)로, 중앙정치의 혼란이 지방정치에 대한 주민들의 참여욕구에 부정적인 영향을 미치고 있다는 것을 알 수 있다.

14) 남구 정치의 성숙도

▲ 지방자치 실시 초기(1994년)와 현재를 비교해 볼 때 남구의 정치활동이 성숙되었다고 생각하는가?

<표 14> 남구 정치활동 성숙 정도

구분	빈도	비율	누적비율
매우 그렇다	1	.4	.4
그렇다	51	21.6	22.0
보통	85	36.0	58.0
아니다	84	35.6	93.6
전혀 아니다	15	6.4	100.0
합계	236	100.0	

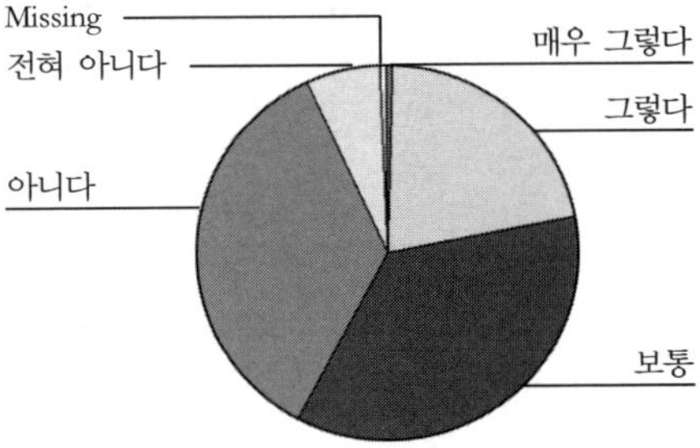

지방자치 실시 초기(1994년)와 현재를 비교해 볼 때 남구의 정치활동이 성숙되었다고 생각하는가를 묻는 설문에 아니다가 35.6%인 84명, 전혀 아니다가 6.4%인 15명으로 성숙되지 못했다고 생각하는 주민이 42.0%로 긍정적인 답변(그렇다 21.6% 51명, 매우 그렇다 0.4% 1명)보다 20%정도 많았다. 보통이라고 응답한 주민은 36.0% 85명이었다. 남구 주민들이 생각하는 남구의 정치활동은 아직도 성숙되어 있지 못하다는 것을 알 수 있다.

15) 지역사회에 대한 관심

신문이나 방송 남구 관련 정치뉴스에 관심을 기울이고 있는가?

<표 15> 남구 관련 정치뉴스 관심 정도

구분	빈도	비율	누적비율
매우 그렇다	7	3.0	3.0
그렇다	87	36.7	39.7
보통	95	40.0	79.7
아니다	44	18.6	98.3
전혀 아니다	4	1.7	100.0
합계	237	100.0	

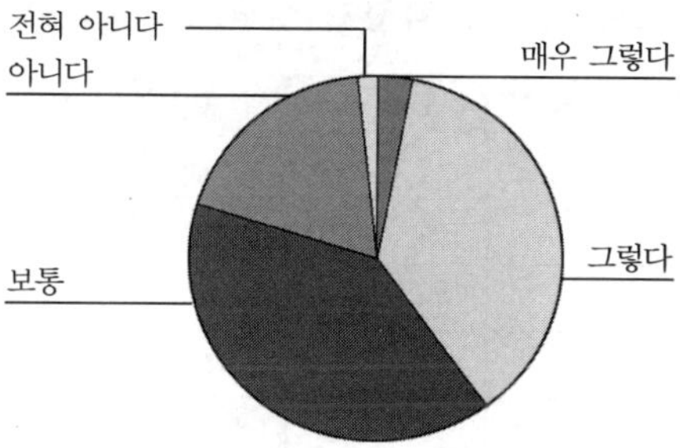

남구 주민들은 지역사회에 대한 관심 정도가 아주 높게 나타나고 있지는 못하고 있다. 신문이나 방송을 통해 남구 관련 정치뉴스에 관심을 기울이는지를 묻는 질문에 총 237명 중 보통이라는 응답이 40.0% 95명으로 가장 많았고, 그렇다가 36.7% 87명이었다. 이에 비해 18.6%는 아니라고 하여 긍정적인 응답이 부정적인 응답보다는 높게 나타나고 있지만, 순수한 부정적 반응층이 20.3%나 되고 무관심층이 40.0%를 차지함으로써 이 두 계층을 합친 비율이 60.4%나 되고 있다. 이는 긍정적인 면보다는 부정적인 면이 부각될 수 있는 소지가 있다.

16) 정치활동의 성숙 정도와 자신의 삶의 질 관계

▲ 지역 정치활동의 성숙 정도가 자신의 삶의 질에 영향을 미친다고 생각하는가?

<표 16> 지역정치 성숙도가 자신의 삶의 질에 영향을 미치는지 여부

구분	빈도	비율	누적비율
매우 그렇다	14	5.9	5.9
그렇다	106	44.9	50.8
보통	72	30.5	81.3
아니다	37	15.7	97.0
전혀 아니다	7	3.0	100.0
합계	236	100.0	

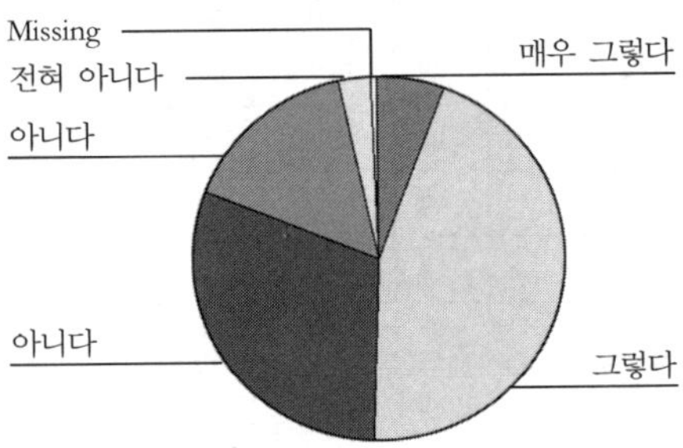

지역정치활동의 성숙 정도가 자신의 삶의 질에 영향을 미친다고 생각하는가를 물었다. 총 236명 중 그렇다가 44.9% 106명, 매우 그렇다가 5.9% 14명으로 50.8%가 정치 성숙도가 자신의 삶의 질에 영향을 미친다고 생각하는 것으로 나타났다. 반면에 아니다 30.5% 37명, 전혀 아니다 3.0% 7명으로 33.5% 정도가 영향을 미치지 않는다고 생각하였다. 보통이라고 응답한 주민은 30.5% 72명이었다.

여기서 나타난 결과를 보면 관련성을 부정한 사람(18.7%)보다 지방정치활동의 성숙도가 자신의 삶의 질에 영향을 미친다고 느끼는 구민들이 매우 많다(50.8%)는 것을 보여주고 있다. 이것은 남구 주민들이 지방정치의 중요성을 인식하고 있다는 것을 보여주고 있다.

17) 주민 선거참여도의 저조와 정치인의 자질 관련성

▲ 주민 선거참여도가 낮은 이유가 정치인의 자질 때문이라고 생각하는가?

<표 17> 선거참여도가 낮은 이유가 정치인의 자질 때문인가 정도

구분	빈도	비율	누적비율
매우 그렇다	39	16.5	16.5
그렇다	102	43.0	59.5
보통	49	20.7	80.2
아니다	46	19.4	99.6
전혀 아니다	1	0.4	100.0
합계	237	100.0	

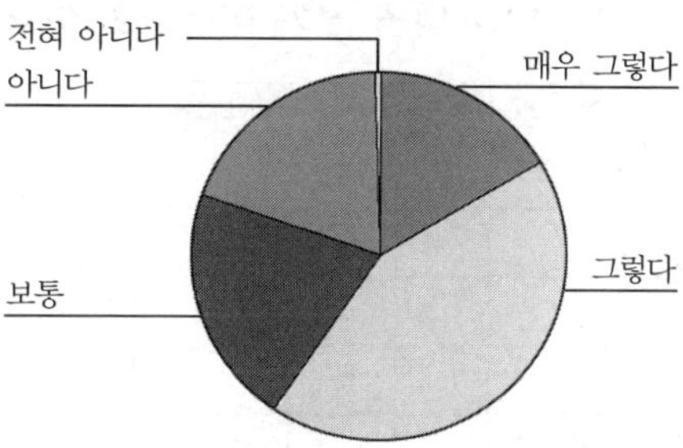

정치인의 자질 때문에 주민들의 선거참여도가 낮은가를 묻는 질문에 총 237명 중 그렇다는 응답이 43.0% 102명으로 가장 많았고, 매우 그렇다는 응답도 16.5%였다. 참여도가 낮은 이유로 정치인 때문이라고 생각하는 사람은 그렇다, 전혀 아니다를 합하여 59.5%로 과반수를 넘었다.

반면에 아니다 그리고 전혀 아니라고 응답한 주민은 각각 19.4%(빈도 46명), 전혀 아니다 0.4%(빈도 1명)로 19.8%에 불과했다. 보통이라는 의견은 20.7% 49명이었다. 따라서 남구 주민들은 자신의 투표행위에 영향을 미치는 요인으로 정치인의 자질을 크게 고려하고 있다는 것을 보여주고 있다.

따라서 지역주민들의 의사와 요구를 효과적으로 대표할 수 있는 청렴한 윤리적 지도자에 대한 지원과 발굴이 필요하다.

18) 주민 선거참여도의 저조와 선거제도와의 관련성

▲ 주민 선거참여도가 낮은 이유가 선거제도상의 문제 때문이라고 생각하는가?

<표 18> 낮은 선거 참여도의 이유가 선거제도상의 문제인가 정도

구분	빈도	비율	누적비율
매우 그렇다	5	2.1	2.1
그렇다	47	19.8	21.9
보통	63	26.6	48.5
아니다	115	48.5	97.0
전혀 아니다	6	2.5	99.5
미응답	1	0.5	100
합계	237	100.0	

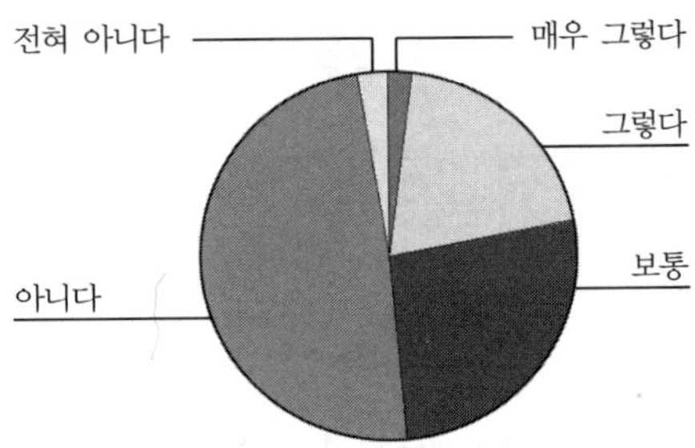

선거제도상의 문제로 주민들의 선거참여도가 낮은지를 물었다. 총 237명 대상에 236명 응답자 중 48.5% 115명이 아니다라는 응답하여 48.5%로 가장 많았다. 보통이라고 답변한 주민은 63명으로 26.6%였고, 제도상의 문제로 선거참여도가 낮다고 생각하는 주민은 그렇다가 47명 19.8%로 아니라는 의견보다 적었다.

이 결과는 앞의 문항 17과 비교해 보면 그 차이를 쉽게 알 수 있다. 남구 주민들이 선거참여의 선택행위를 선거제도상의 문제보다는 정치인의 자질에 보다 비중을 두고 선택하고 있다는 것을 알 수 있다. 기존 정치에 대한 부정적 인식의 탓이 크게 작용하고 있다는 것을 말해주고 있다.

19) 선거참여제도의 정비와 참여의 관련성

> 지역의 현안문제에 대한 청문, 토론의 장이 제도적으로 만들어진다면 참여하여 적극적으로 자신의 의견을 공개적으로 제시하겠는가?

<표 19> 청문, 토론의 장에 대한 참여 가능성

구분	빈도	비율	누적비율
매우 그렇다	6	2.6	2.6
그렇다	84	35.9	38.5
보통	93	39.7	78.2
아니다	51	21.8	100.0
합계	234	100.0	

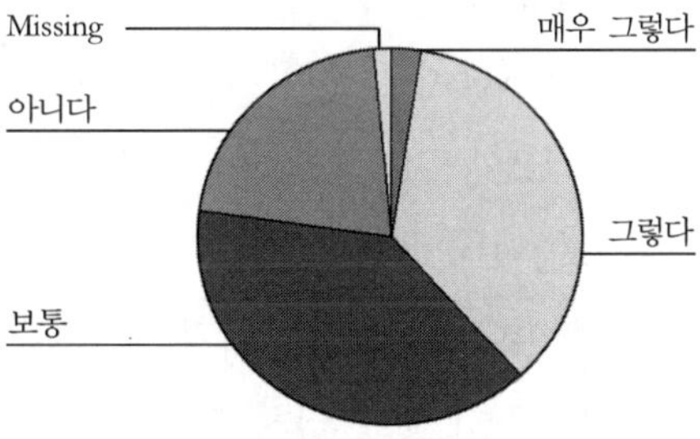

지역의 현안문제 해결을 위한 적극적 참여를 유도하는 청문, 토론의 장 등의 제도가 만들어진다면 참여하겠는가를 묻는 설문에 총 234명 중 보통이라는 응답이 39.7% 93명이었다. 그렇다는 의견이 35.9% 84명으로 아니라는 응답 21.9% 51명보다 많았다.

3. 결론

본 연구는 우리가 수용하고 있는 자유민주주의의 이념적 구현을 위한 민주정치의 실천과정에서 나타나는 정치의식에 대한 실증적 분석을 통해 자치시대의 지방자치의 발전을 위한 대안을 마련하는 데 목적을 두었다.

본 연구는 이러한 연구목적을 위해 인천광역시 남구지역을 대상으로 하여 지역주민들에 대한 설문조사를 통하여 정치의식과 정치행태의 실태를 분석하여 다음과 같은 연구결과를 도출할 수 있었다.

1) 정치참여에 영향을 미친 요인으로는 남구지역의 정당인(정치인) 및 구 · 시의원이 31.8%, 지역구 국회의원이 22.3%, 그리고 이익집단이 12.0%로 나타났다.

2) 선거참여도에 있어서는 인천시장 선거에 매번 참여가 36.0%, 1-2회 참여가 30.9%였고, 전혀 참여한 적이 없다는 응답도 28%로 나타났다. 구청장 선거에 있어서는 매번 참여가 32.3%였던 반면에 1-2번 참여가 30.2%였으며, 참여한 경험이 없다는 응답도 31.%에 달하였다.

   이밖에도 선거에 전혀 참여한 적이 없다는 응답 중 광역시의원 선거에서는 36.8%, 구의원 선거에는 36.1%라는 응답결과가 나왔다.

3) 선거참여의 동기를 보게 되면 34.4%는 지방정치의 발전, 지역발전에 32.1%의 응답율을 보여주고 있다. 그러나 개인적인 친분관계 0.5%, 의무감 1.8%, 연고 2.3%, 권유 2.3%, 그리고 기계적으로 선거에 참여했다는 응답도 5.0%에 달하고 있다.

4) 선거불참 이유에 대해서는 후보자가 싫어서 39.0%, 정치인에 대한 염증이 34.8%로 나와 기존 정치에 대한 부정적 인식이 73.8%에 달하고 있다.

5) 후보자 선택의 기준에 대해서는 인물 45.5%, 정책공약 33%로 집계되었다. 이는 때로 한국 정당정치 실현의 걸림돌로 작용하

는 부작용을 초래하기도 하였다.

6) 현재 구청장에 대한 인지도 조사에서는 알고 있다가 60.4%였고 잘 모른다는 응답이 39.6%로 나타나고 있다. 현재 남구의원에 대한 인지도에서는 1명도 모른다는 응답이 50.0%가 나왔으며, 49.1%는 알고 있다는 응답이 나왔다. 이것은 지방자치시대임에도 불구하고 지역주민의 자치의식은 대단히 저조한 수준에 머무르고 있음을 보여주고 있다.

그러나 이와 같은 조사연구의 결과는 설문조사의 대상이 남구지역주민의 일부에 국한되었다는 점에서 신뢰도에 있어서 지역주민 전체의 의사라고 강변하는 데에는 한계가 있다.

그럼에도 불구하고 본 연구는 인천광역시 남구지역의 정치의식에 대한 사례연구를 처음으로 시도하였다는 점에 의의를 둘 수 있을 것이다. 향후 지속적인 연구를 통하여 일정기간 동안의 동태적인 변화에 대한 연구도 필요할 것으로 보여진다.

본 연구결과를 토대로 인천광역시 남구지역의 지방자치가 본격화되기 위해서는 지역주민을 대표하는 단체장과 의원들의 인지도를 높이는 일이 중요한 것으로 나타나고 있으며, 지역주민의 참여도를 높여 참여정치의 순도를 높여 나가는 실질적인 방안의 강구가 절실하게 필요한 것으로 나타났다.

이를 위해서는 지역적 차원의 문제를 전문적으로 다룰 수 있는 NGO나 자원봉사단체들을 적극 활용하여 지역주민들이 지역문제에 관심을 갖도록 다양한 프로그램을 마련하는 것이 필요할 것으로 보여진다.

Ⅳ. 중구민의 정치의식

지금도 우리 정치권에서는 분권형 자치시대를 외치고 있고, 주민 또한 그것을 꾸준히 요구하고 있다. 이제 한국에서 분권형 자치시대가 본격화되면 각 지역사회는 자율적으로 자신들의 문제를 독자적인 힘으로 해결해 나가야 한다. 뿐만 아니라 지방자치도 시장경제와 마찬가지로 다른 자치단위와 치열한 경쟁관계에서 살아남기 위한 경쟁력을 확보하지 않으면 안 된다. 특히 21세기는 지역단위 대 지역단위의 교차관계가 국가와 국가단위의 관계를 앞지르는 시대가 될 것이며, 이러한 때 지방자치를 통해 지역주민의 이익과 복지증진을 실현하기 위해서는 지역주민의 자치능력이 선행되어야 한다. 이때 무엇보다 우선시되어야 할 과제는 지역주민의 정치의식이 선진화되어야 한다는 것이다. 왜냐하면 지방자치는 민주정치의 기초이며, 민주정치는 여론에 의한 정치이기 때문이다. 민주정치는 국민에 의한 정치라는 정치원리에서 국민의 의사에 따른 정치를 말한다. 국민에 의한 정치에서 여론은 민주정치의 필요・충분조건 중의 하나이다.

민주정치에 있어 기초가 되는 주민이 직접 참여하는 주민자치에는 한계가 있다. 이해당사자 간의 충돌로 인하여 정치적 혼란이 불가피하다는 문제점을 안고 있기 때문이다. 이와 같은 한계를 극복하기 위하여 도입된 제도가 대의정치이다. 따라서 지방자치에 기초한 대의정치가 발전하기 위해서는 지역주민의 정치의식이나 정치행태를 파악하는 일이 대단히 중요하다.

대의정치는 여론정치일 수밖에 없고, 여론정치는 주민의 정치의식을 직접 확인하는 데서만 민주정치의 진실과 실체를 확인할 수 있다. 이와 같이 민주정치 내지 주민자치에 있어 여론수렴 과정으로서의 주민에 대한 정치의식 연구가 필요하다.

이에 본고는 인천광역시를 구성하고 있는 기초자치단체의 주민을 대상으로 하여 정치의식을 연구하고자 한다. 이 연구의 대상과 방법은 인천광역시의 중구주민을 대상으로 하여 설문조사 방식을 통하여 접근하고자 한다.

본고는 인천광역시민의 정치의식을 조사하고 각 구별로 조사연구되는 과정의 한 부분이다.

1. 정치의식 조사의 일반적 사항[10.]

1) 조사의 일반적 내용

본래 정치민주화에 미치는 영향요인은 다양한 것으로 지적되어 오고 있다. 한 국가의 정치 시스템에서 국민 개개인의 의식에 이르기까지 어느 한 요인에 의해 좌우된다기보다는 다양한 요인들이 복합적으로 작용하는 것이 보다 일반적이다. 이는 일정한 지역을 기본 단위로 수행되는 지방정치에서도 마찬가지로 지방정치의 민주화 역시 국가 전체의 정치 시스템에서 나타나는 요인들이 특수한 경우 이외에는 대

10. 본고는 2003년 조사・분석된 인천광역시 남구 주민의 정치의식에 관한 연구를 기본 토대로 하여 중구 주민의 정치의식을 2004년에 조사한 것이다. 이 논문에서 인용된 내용 『인천광역시사』(2002), 정치편과 본인의 논저에서 인용된 것은 특별히 전거를 밝히지 않았다.

부분 유사하게 적용된다.

광역자치체로서의 인천광역시나 자치구인 중구 역시 이러한 기초적인 토대 위에 과거보다 향상된 정치의식을 최근의 선거나 투표에서 나타나 있다. 그러나 이는 개연성 높은 사실일 뿐 검증되지 못한 면이 크기 때문에 자치체인 인천광역시 중구 주민들의 정치의식을 객관적인 지표를 통해 나타내는 것이 필요하다.

이를 위해 본고에서는 인천광역시 중구에 거주하는 중구 주민들의 정치의식을 설문조사 방법을 이용, 계량적으로 분석하였다.

설문은 총 27문항으로 구성되었고, 인구통계학적 요인에 관한 5문항을 제외하면 22문항이 정치의식을 묻는 지표로 사용되었다. 문항의 내용은 투표행위의 영향요인, 참여도, 지역사회에 대한 관심 정도, 의원의 행태, 정치환경, 정책요인 등으로 구성되었다.

설문은 350부가 배포되어 300부가 수거되었으며, 이 중 통계적으로 유의하지 못한 1부를 제외한 299부가 통계에 이용되었다. 299부의 통계자료 중에서도 설문내용에 따라 응답률이 상이하다는 점에서 각 문항을 통해 표기된 응답 합계 수치가 차이가 있다는 사실에 유의할 필요가 있다.

2) 인구통계학적 특성

설문대상자의 인구통계학적 요인을 성별, 나이, 연령, 학력, 출신지별로 살펴보면 아래와 같다.

<표 1> 성별

구분	빈도	유효비율	누적비율
남자	147	49.2	49.2
여자	137	45.8	95.0
무응답	15	5.0	100.0
합계	299	100.0	

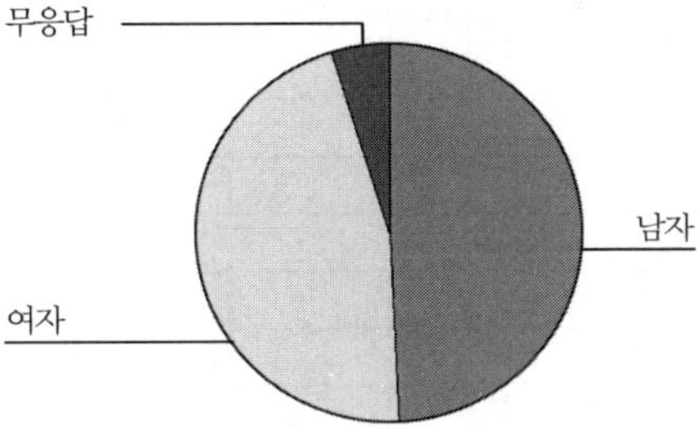

설문대상자 성별분포는 총 합계 299명 중 남자가 49.2% 147명이고, 여자가 45.8% 137명으로 남자 응답자가 여자 응답자보다 3.4% 많았다. 무응답이 3.0% 115명이었다.

<표 2> 나이

구분	빈도	유효비율	누적비율
10대	1	0.3	0.3
20대	70	23.4	23.7
30대	49	16.4	40.1
40대	84	28.1	68.2
50대	59	19.7	88.0
60대이상	27	9.0	97.0
무응답	9	3.0	100.0
합계	299	100.0	

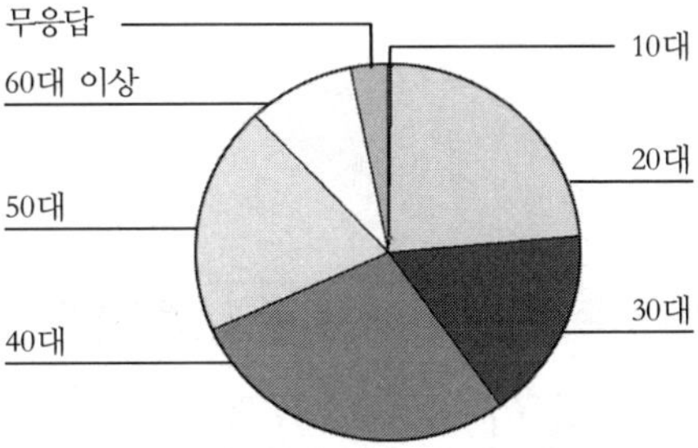

설문 응답자의 연령층은 총 합계 299명 중 10대 1명으로 3%, 20대가 70명으로 23.4%로 가장 많았고, 30대가 49명으로 16.4%, 40대가 84명 28.1%이다. 그리고 50대는 59명 19.7%, 60대 이상 27명 9.0%이다.

<표 3> 학력

구분	빈도	유효비율	누적비율
초등학교 이하	3	1.0	1.0
중졸	33	11.0	12.0
고졸	147	49.2	61.2
대졸(전문대 포함)	99	33.1	94.3
대학원 이상	4	1.3	95.7
무응답	13	4.3	100.0
합계	299	100.0	

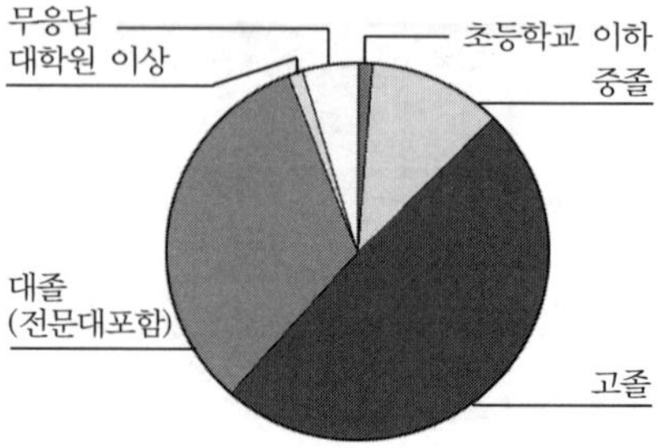

설문 응답자의 학력은 총 합계 299명 중 초등학교 이하 3명으로 1.0%, 중졸 · 고졸이 각 33과 147명에 비율은 11.0%와 49.2%로 전체 조사자 중 60.2%를 점유하고 있다. 대졸(전문대 포함)은 99명에 33.1%, 대학원 이상은 4명에 1.3%였고 무응답은 13명에 4.3%였다. 학력에서 특이한 것은 2003년 남구 주민에 대한 학력 빈도의 차이이다. 2003년 남구 조사자는 중졸과 고졸이 각각 3.4%와 32.2%였고 대졸이 59.4%였다.

<표 4> 직업

구분	빈도	유효비율	누적비율
상업	68	22.7	22.7
직장인	66	22.1	44.8
공무원	18	6.0	50.8
학생	14	4.7	55.5
농/임/어업	2	0.7	56.2
주부	54	18.1	74.2
언론인	1	0.3	74.6
교육계	3	1.0	75.6
기타	60	20.1	95.7
무응답	13	4.3	100.0
합계	299	100.0	

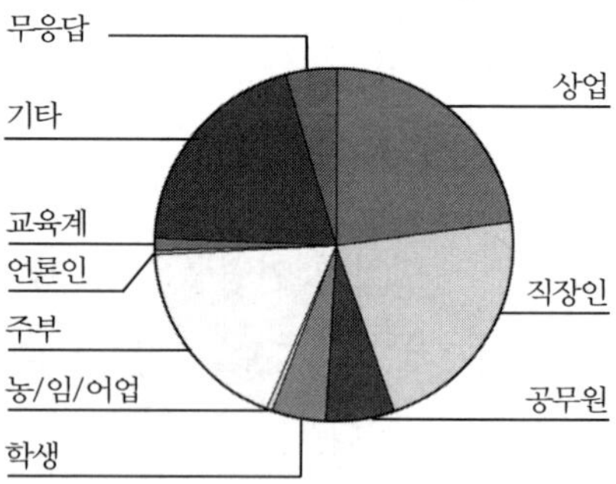

설문 응답자 299명 중 직업을 보면 기타라고 응답한 사람이 60명으로 20.1%, 학생이 14명으로 4.7%였다. 상업이 68명에 22.7%, 직장인이 66명에 22.1%였고, 주부 응답자는 54명에 18.1%, 공무원 18명에 6.0%였다. 이를 2003년 남구 주민 응답자와 비교해 보면 남구가 공무원 19.0%, 일반직장인 21.2%, 학생 24.6%로 64.8%였는데 중구는 상업 22.7%, 직장인 22.1%, 주부 18.1%로 62.9%를 보이고 있다.

<표 5> 출생지(고향)

구분	빈도	유효비율	누적비율
인천	131	43.8	43.8
인천이외	145	48.5	92.3
이북지역	14	4.7	97.0
무응답	9	3.0	100.0
합계	299	100.0	

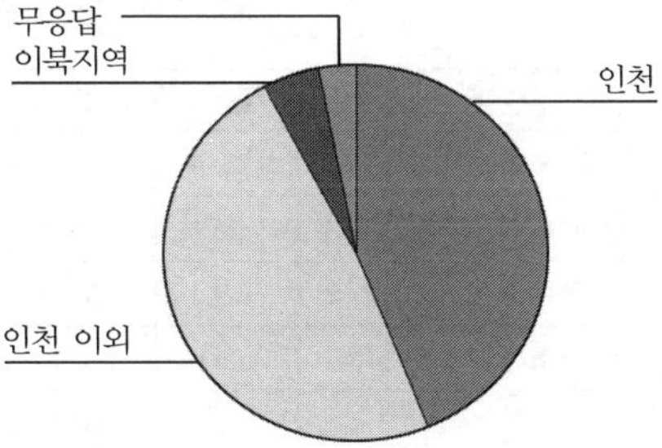

설문 응답자 총 299명 중 출생지(고향)를 인천이라고 답한 사람이 131명에 43.8%를 보인 반면, 인천 이외의 지역은 145명에 48.5%, 이북지역은 14명에 4.7%였다. 이를 남구와 비교해 보면 출생지(고향)를 인천이라고 한 사람은 중구가 43.8%, 남구가 49.6%여서 남구가 중구보다 5.8%가 높은 것으로 나타나고 있다.

2. 인천시 중구민의 정치의식

1) 정치참여의 영향요인

현재 남구에서 정치과정에 참여하고 또 가장 영향을 미치는 요인은 무엇인가?

<표 1> 정치참여의 영향요인

구분	빈도	유효비율	누적비율
지역구 국회의원	61	20.4	20.4
정당인, 구 · 시의원	84	28.1	48.5
중구 공무원	8	2.7	51.2
지역 법조인	3	1.0	52.2
종교인	1	0.3	52.5
시민단체	34	11.4	63.9
일반주민들의 힘	41	13.7	77.6
지역 경영자	5	1.7	79.3
각종 이익집단들	32	10.7	90.0
지역 언론	6	2.0	92.0
인천광역 시장	12	4.0	96.0
무응답	12	4.0	100.0
합계	299	100.0	

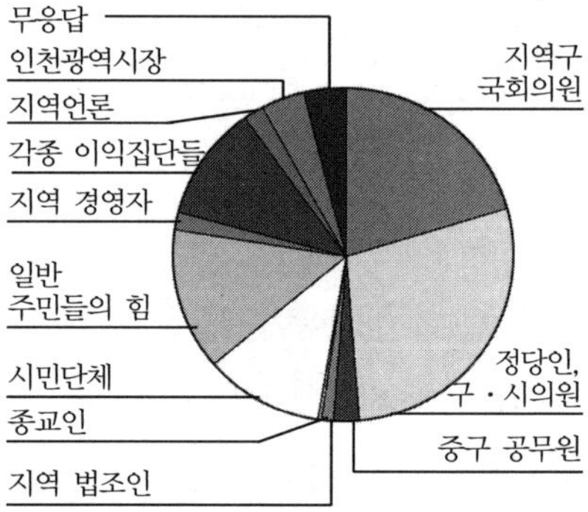

이 설문은 중구 주민들이 지역정치에 참여하는 과정에서 영향을 미친 행위자를 파악하는 데 목적이 있다.

중구 주민 응답자가 중구 정치과정에 참여하고 가장 영향을 미치는 요인으로 가장 많이 응답한 것은 총 299명 중 84명 28.1%가 중구

지역 정당인(정치인), 구 · 시의원이었다. 다음으로 지역구 국회의원이라고 응답한 사람이 61명으로 20.4%였고, 41명 13.7%가 일반시민들의 힘이라고 하였다. 시민단체의 힘이라고 대답한 경우는 34명에 11.4%를 보여주어 남구의 4.3%에 비해 7.1% 이상의 영향력을 보여주었다. 각종 이익단체의 경우는 32명에 10.7%로 남구와 12.0%의 편차를 보였다.

이 조사에서 보면 중구의 정치참여의 영향요인 순서는 정당인, 구 · 시의원, 지역구 국회의원, 일반주민들의 힘, 시민단체, 각종 이익 집단들의 순이었다. 2003년 남구의 경우는 남구의 정당인 구 · 시의원, 지역구 국회의원, 각종 이익집단들로 조사된 바 있다. 이를 2003년 조사된 남구와 중구를 비교할 때 구의 정당인 구 · 시의원, 지역 국회의원은 같은 순서를 보이고 있으나 영향 요인의 세 번째는 중구가 일반주민의 힘이라고 답하고 있어 각종 이익집단이라 답한 남구와 차이를 보여주었다.

2) 선거 참여정도

① 인천시장 선거 참여정도

> 인천시장 선거에 얼마나 적극적으로 참여하고 있는가?

중구 주민들의 인천시장 선거 참여정도를 묻는 질문에 총 299명 중 128명 42.8%가 매번 참여한다고 하였다. 그리고 1-2회 참여가 77명 25.8%, 참여한 적 없음이 48명 16.1%였다. 반면 3회 이상 참여가 27명으로 9.0%로 무응답이 19명에 6.4%를 보였다.

<표 2-1> 인천시장 선거 참여정도

구분	빈도	유효비율	누적비율
참여한 적 없음	48	16.1	16.1
1-2회	77	25.8	41.8
3회 이상	27	9.0	50.8
매번 참여	128	42.8	93.6
무응답	19	6.4	100.0
합계	299	100.0	

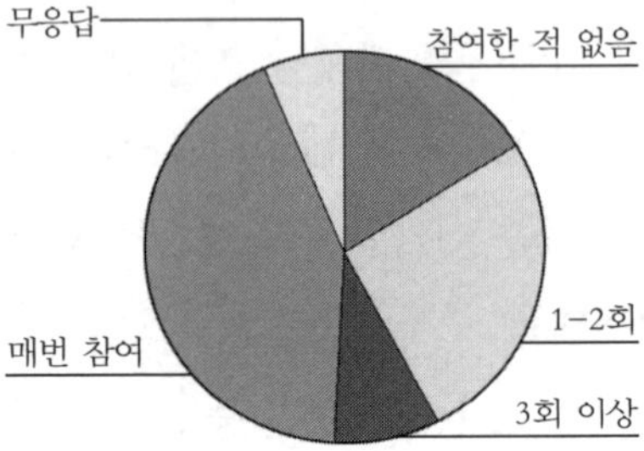

② 구청장 선거 참여정도

> 구청장 선거에 얼마나 적극적으로 참여하고 있는가?

<표 2-2> 구청장 선거 참여정도

구분	빈도	유효비율	누적비율
참여한 적 없음	55	18.4	18.4
1-2회	62	20.7	39.1
3회 이상	31	10.4	49.5
매번 참여	124	41.5	91.0
무응답	27	9.0	100.0
합계	299	100.0	

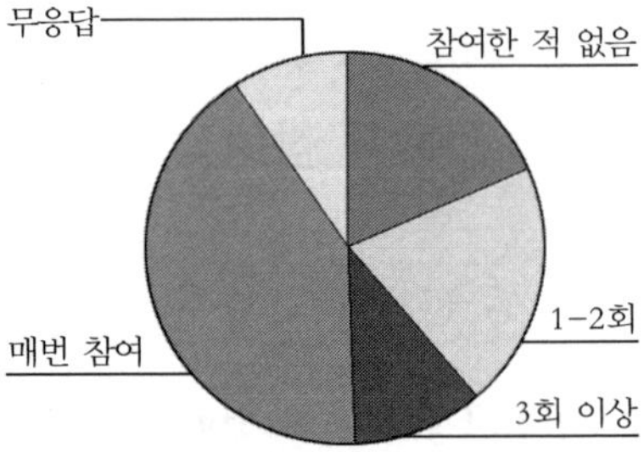

중구 주민을 대표하는 구청장 선거에 대한 참여정도를 묻는 질문에서는 총 299명 중 124명 41.5%가 매번 참여한다고 하였고, 55명이 참여한 적 없다고 하여 전체의 18.4%나 되었으며, 1-2회 이상 참여하였다고 한 사람이 62명 20.7%, 3회 이상 참여했다는 구민이 31명

으로 10.4%로 나타나고 있다. 이같은 중구의 조사결과는 1년 전 남구 주민의 경우와 순서는 같으나 참여비율은 매번 41.5%와 32.3%로 중구가 9.2%의 높은 비율을 보여준 반면, 참여한 적 없다는 중구 16.1%, 남구 31.5%로 나타나고 있다. 이는 조사기간이 1년의 차이가 있다고는 하나 선거를 같은 시기에 한 것으로 볼 때, 중구 주민의 참여도 또는 정치적 참여의식이 높았다는 것을 말해준다.

③ 인천시의원 선거 참여정도

▲ 인천시의원 선거에 얼마나 적극적으로 참여하고 있는가?

<표 2-3> 인천시의원 선거 참여정도

구분	빈도	유효비율	누적비율
참여한 적 없음	53	17.7	17.7
1-2회	70	23.4	41.1
3회 이상	31	10.4	51.5
매번 참여	116	38.8	90.3
무응답	29	9.7	100.0
합계	299	100.0	

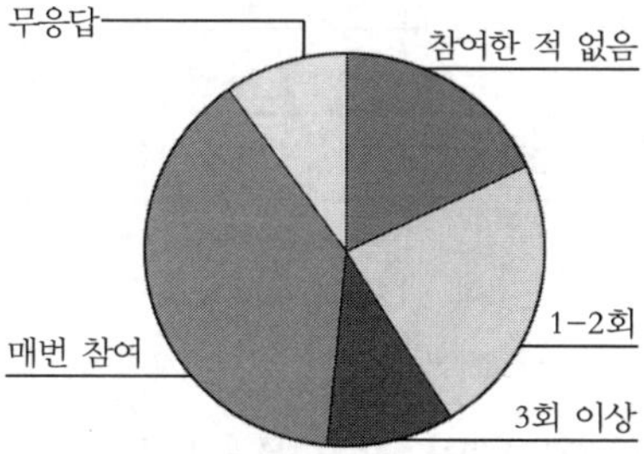

인천시의원 선거 참여정도를 묻는 설문에 총 299명 중 116명 38.8%가 매번, 53명이 참여한 적 없다고 응답하여 전체의 17.7%를 차지하였다. 이 조사에서 구청장과 시의원을 비교해 보면 매번 참여가 41.5%와 38.8%인 것으로 나타났다. 또한 참여한 적이 없다는 18.4%와 17.7%인 것으로 나타나 참여와 비참여의 차이가 각각 2.7%와 0.7%임을 보여주었다. 그런데 중구와 남구를 비교해 보면 매번 참여의 경우 중구 38.8%, 남구 32.3%로 중구 주민의 참여도가 6.5% 높다

는 것을 알 수 있다.

④ 구의회의원 선거 참여정도

구의회의원 선거에 얼마나 적극적으로 참여하고 있는가?

<표 2-4> 구의회의원 선거 참여정도

구분	빈도	유효비율	누적비율
참여한 적 없음	59	19.7	19.7
1-2회	70	23.4	43.1
3회 이상	27	9.0	52.2
매번 참여	115	38.5	90.6
무응답	28	9.4	100.0
합계	299	100.0	

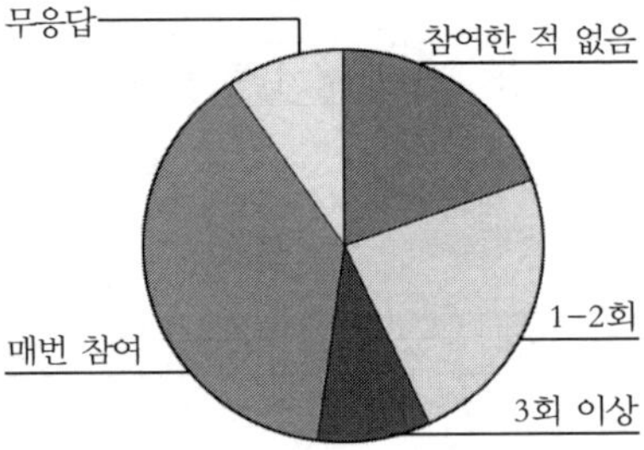

구의회의원 선거 참여정도를 묻는 설문에 총 299명 중 115명 38.5%가 매번 참여한다고 하였고, 1-2회 참여했다는 응답이 70명 23.4%였으며, 3회 이상 참여했다고 응답한 사람은 27명 9.0%였다.

이때 구청장, 구의원의 경우를 보면 매번 참여가 41.5%와 38.5%, 참여한 적 없다가 18.4%와 19.7%를 보여주었다. 또 중구와 남구를 비교해 보면 매번 참여에서 구청장의 경우 41.5%와 32.3%, 구의원의 경우 38.5%와 31.3%를 보였다. 여기서는 중구 구민이 각각 9.2%, 7.2%의 높은 참여도를 보여주고 있음을 알 수 있다.

3) 선거 참여동기 1순위

> 선거(투표)에 참여할 때 참여동기는 무엇인가?

<표 3> 선거 참여동기

구분	빈도	유효비율	누적비율
지방정치 발전	103	34.4	34.4
지역발전 보탬	102	34.1	68.6
올바른 후보	53	17.7	86.3
주위 사람 권유	10	3.3	89.6
아무 생각 없이	4	1.3	91.0
대가 때문에	4	1.3	92.3
지역적인 연고	2	0.7	93.0
개인적 친분	2	0.7	93.6
기타	5	1.7	95.3
무응답	14	4.7	100.0
합계	299	100.0	

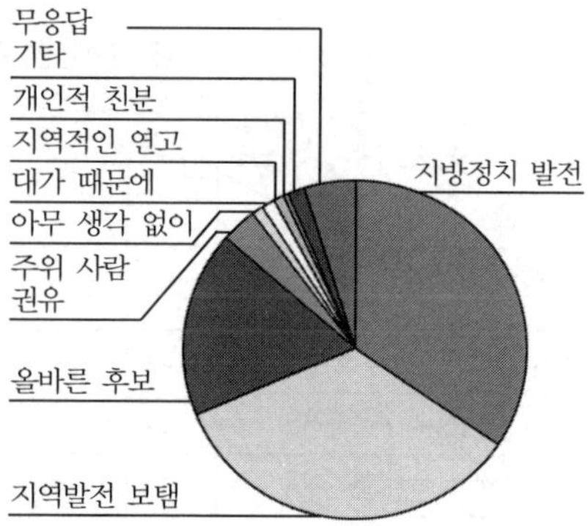

지방선거에 참여할 때의 참여동기를 묻는 설문에 답한 총 299명 중 지방정치의 발전을 위해서가 103명 34.4%, 지역발전에 보탬이 된다는 생각에서가 102명 34.1%의 분포를 보여주고 있다. 다음으로 올바른 후보를 뽑음으로써 나에게 이익이 되니까라는 응답이 53명 17.7%로 많았다. 이 세 문항을 합한 비율 86.2% 중 지역을 위한 참여가 68.5%로 높은 주민의식을 보여주었다. 여기에 17.7%의 올바른 후보까지 추가하면 더 큰 주민의식을 보여준다. 이 조사에서 중구와 남구의 주민의식을 비교하면 지방정치의 발전이 34.4%로 같게 나왔고 지역 발전 34.1%와 32.1%의 분포를 보여주고 있다. 이 조사에 의하면

중구나 남구 주민의 지역에 대한 의식은 같은 수준에 있음을 보여주고 있다.

4) 선거 불참 이유

선거(투표)에 불참할 때의 이유가 무엇인가?

<표 4> 선거 불참 이유

구분	빈도	유효 비율	누적 비율
① 정치인의 행태 염증	132	44.1	44.1
② 후보자가 맘에 안 들어서	78	26.1	70.2
③ 귀찮아서	12	4.0	74.2
④ 선거가 있는지 몰라서	6	2.0	76.3
⑤ 나에게 이익이 없어서	4	1.3	77.6
⑥ 지역적 연고 등 관련 없어서	9	3.0	80.6
⑦ 지역적인 대립에 염증이 나서	2	0.7	81.3
⑧ 내가 속한 정당이 아니어서	1	0.3	81.6
⑨ 기타	14	4.7	86.3
⑩ 무응답	41	13.7	100.0
합계	299	100.0	

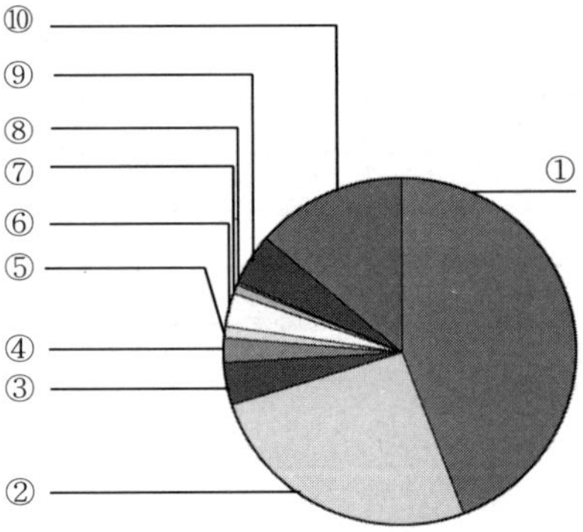

선거에 불참할 때의 이유를 묻는 설문에 정치인 행태에 염증을 느껴서가 총 299명 중 132명 44.1%, 후보자 문제가 78명 26.1%로 나타나 중구 주민의 70.2%는 정치에 대하여 부정적 의식을 갖고 있다. 같은 내용으로 1년 전에 조사되었던 남구도 73.8%로 중구나 남구 주민의 정치의식이 서로 비슷하다는 것을 알 수 있다.

이에 따르면 중구주민들의 정치참여에 대한 불참은 지방정치를 중앙정치의 연장선상에서 바라보고 있음을 보여주고 있다. 지역정치는 중앙정치와는 달리 권력보다는 지역주민들의 생활에 직결된 생활정치, 지역행정 이라는 인식을 심어줄 필요가 있다.

5) 후보선택 기준

후보선택시 가장 중요한 기준은 무엇인가?

<표 5> 후보선택 기준

구분	빈도	유효비율	누적비율
정당	51	17.1	17.1
인물	138	46.2	63.2
정책공약	67	22.4	85.6
학교연고	2	0.7	86.3
지역연고	8	2.7	89.0
장래이익 보장	5	1.7	90.6
집단의 이익	11	3.7	94.3
기타	15	5.0	99.3
무응답	2	0.7	100.0
합계	299	100.0	

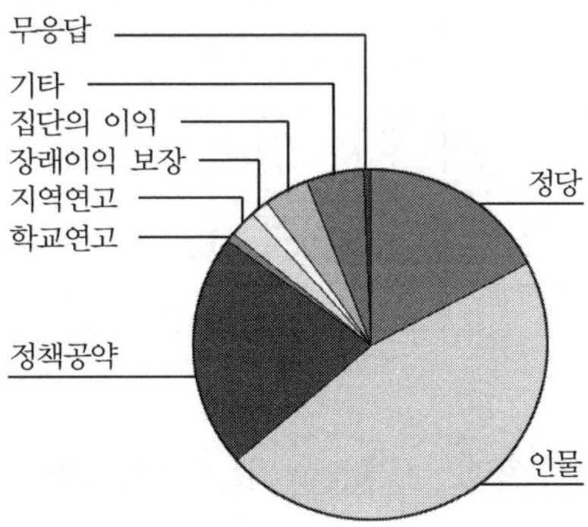

후보를 선택할 때 가장 중요한 기준을 묻는 설문에 인물이라고 응답한 구민들이 전체 299명 중 138명 46.2%로 가장 많았다. 다음으로 67명 22.4%가 정책공약이 후보선택 기준이라고 하였다. 그리고 정당이 51명 17.1%를 보이고 있다. 이 설문조사를 분석해 보면 중구 주민들은 후보선택 기준으로 인물을 제1순위로 하고 있으며, 정책이 제2순위, 정당이 제3순위가 된다. 이 분석표만 놓고 볼 때, 선거전략

면에서 정당의 경우는 먼저 참신하고 능력 있는 인물공천에 집중하고 그 다음에 정책의 개발과 제시를 통하여 85.7%의 유권자를 우호적으로 유인함으로써 승리할 수 있을 것이다. 2003년 남구의 경우도 45.6%, 33.0%, 9.8%로 88.4%의 비율을 보여주었다.

6) 현 구청장에 대한 인지도

현재 구청장이 누구인지 알고 있는가?

<표 6> 현 구청장을 알고 있는지 여부

구분	빈도	유효비율	누적비율
있다	245	81.9	81.9
없다	51	17.1	99.0
무응답	3	1.0	100.0
합계	299	100.0	

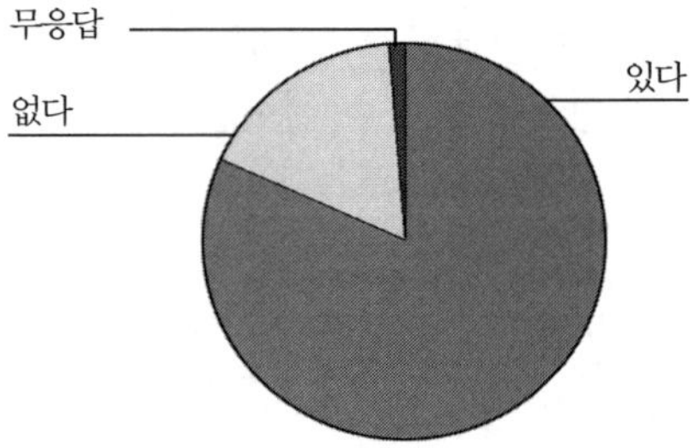

현재 구청장을 알고 있는지를 묻는 설문에 총 299명 중 245명 81.9%가 알고 있다고 응답하였다. 그러나 51명 17.1%는 구청장을 모르고 있다고 하였다. 결과에 따르면 설문대상자의 81.9%가 구청장이 누구인지 알고 있음으로써 중구 주민들이 중구지방정치에 상당한 관심을 갖고 있다는 것을 간접적으로 나타내고 있다. 그런데 1년 전 같은 설문내용으로 조사된 남구의 경우에는 구청장 인지도가 60.4%였고 알지 못한다가 39.6%였던 것을 보면, 중구청이나 중구 주민의 자기 지역 관심도를 볼 수 있다. 다만 남구를 조사한 기간과 1년의 차이가 있었다는 것을 유의할 필요가 있다.

7) 현 중구의회의원에 대한 인지도

현재 중구의회의원 한 사람이라도 아는가?

<표 7> 현 중구의회의원 한 사람이라도 아는지 여부

구분	빈도	유효비율	누적비율
있다	209	69.9	69.9
없다	84	28.1	98.0
무응답	6	2.0	100.0
합계	299	100.0	

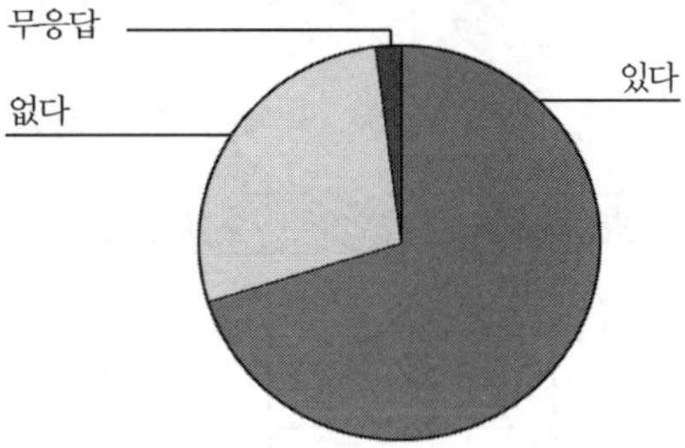

현재 중구의회의원 중에 한 명의 의원이라도 아는가를 묻는 설문에 총 299명 중 209명 69.9%가 알고 있다고 하였고, 84명 28.1%가 모른다고 하였다.

현 구청장을 알고 있는지를 묻는 설문에서 모른다고 했던 17.1%보다도 더 많은 28.1%가 중구의회의원을 한 명도 모른다고 응답하여 구청장에 대한 인지도보다 의원에 대한 인지도가 11%나 낮음을 보여주고 있다. 남구의 경우도 49.1%와 50.0%로 인지도에서 중구가 20.6%높고 비인지도에서는 남구가 21.9%의 편차를 보여주었다. 여기서 중구와 남구의 조사기간이 1년의 차이가 있음은 고려할 부분이다.

이것은 선거 이후에 주민들의 대표인 의원들이 지역주민들과의 접촉이 그만큼 적거나 활동적이지 못하고 있음을 보여주는 것이라고 할 수 있다. 이를 위해서는 구의원의 보다 능동적이고 적극적인 대주민

전략이 요구된다.

8) 중앙이나 지방정치에 관한 토론, 청문, 보고회 참여 경험

▲ 중앙이나 지방정치에 관한 토론, 청문, 보고회에 참여한 적이 있는가?

<표 8> 정치과정 참여정도

구분	빈도	유효비율	누적비율
있다	71	23.7	23.7
없다	224	74.9	98.7
무응답	4	1.3	100.0
합계	299	100.0	

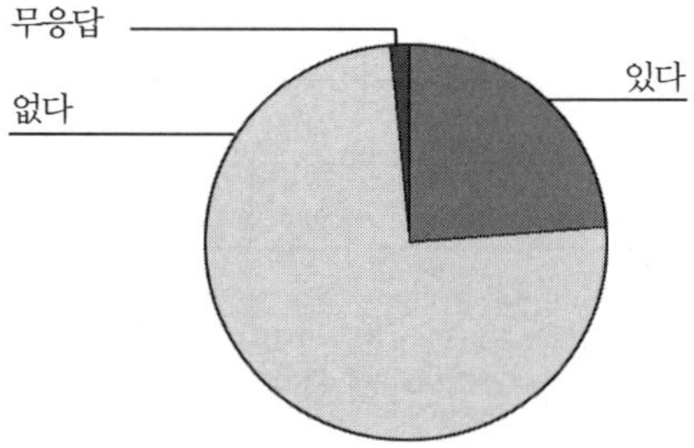

중앙이나 지방정치-국회, 시의회, 구의회 의정활동, 기타에 관한 토론, 청문, 보고회에 참여한 적이 있는가를 알아보는 질문에 총 299명 중 224명 74.9%가 참여한 적이 없다고 하였다. 참여한 적 있다는 응답은 71명 23.7%로 중구 주민들이 선거 이외의 지방정치인 토론, 청문, 보고회 등에 소극적임을 보여주고 있다.

이것은 주민들의 무관심으로 돌리기보다는 주민들의 참여를 이끌어낼 수 있는 참여동기 부여가 있어야 할 것이다. 공공적 관심사에 대한 주민들의 참여를 이끌어내기 위해서는 참여에 따른 인센티브 제도를 도입할 필요가 있을 것으로 판단된다.

9) 중앙이나 지방정치과정 참여형식과 방법

> 중앙이나 지방정치과정에 참여한 적이 있다면 그 형식과 방법은 무엇인가?

<표 9> 중앙이나 지방정치과정 참여형식과 방법

구분	빈도	유효비율	누적비율
시민단체활동	31	17.1	43.7
국회의원 면담	10	46.2	57.7
물리적 방법	1	22.4	59.2
자원봉사	16	0.7	81.7
인터넷 민원이나 청원 제안	8	2.7	93.0
무응답	5	0.7	100.0
Missing System	228	76.3	
합계	299	100.0	

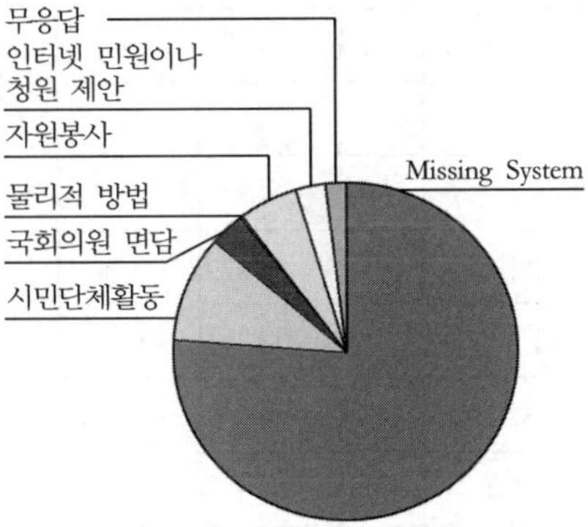

중앙이나 지방정치과정-국회, 시의회, 구의회, 기타에 참여한 적이 있다면 그 형식과 방법은 무엇인가를 묻는 질문에 총 299명 중 23.7%가 참여하였고. 대부분은 정치과정에 참여한 경험이 없는 것으로 나타났다. 그 방법 순위를 보면 시민단체활동, 자원봉사, 국회의원 면담, 인터넷 민원과 0.3%의 물리적 방법이 있다. 다만 missing이 76.3%임을 밝혀둔다.

10) 지역정치인들의 의정활동의 적극성

> 지역정치인들이 현안문제 해결위해 주민들과 잦은 접촉과 활동을 하는가?

<표 10> 지역정치인의 현안해결 위한 주민 접촉과 활동 정도

구분	빈도	유효비율	누적비율
매우 그렇다	13	4.3	4.3
그렇다	57	19.1	23.4
보통	95	31.8	55.2
아니다	86	28.8	83.9
전혀 아니다	41	13.7	97.7
무응답	7	2.3	100.0
합계	299	100.0	

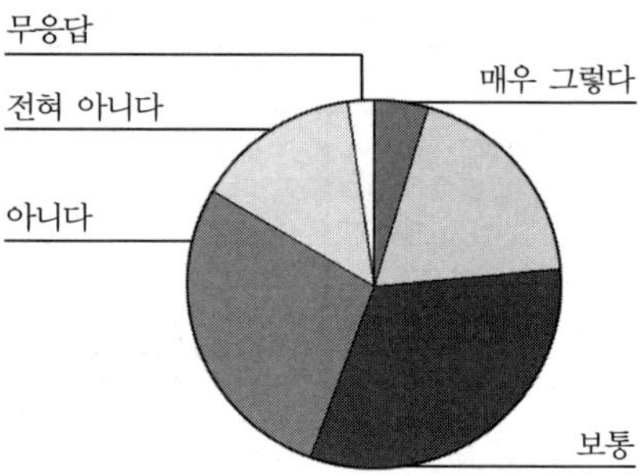

자신의 지역소속 정치인들이 지역적인 현안을 해결하기 위해 주민들과 잦은 접촉과 활동을 하고 있는가를 묻는 질문에 총 299명 중 86명인 28.8%가 아니라고 하였고, 41명 13.7%는 전혀 아니라고 하여 42.5%가 지역정치인들이 지역 현안 해결을 위한 주민접촉과 활동을 매우 소극적으로 하고 있다는 것을 알 수 있다. 이에 비해 제대로 활동하고 있다고 응답한 주민은 그렇다 19.1%, 매우 그렇다 4.3%로 긍정적인 답변은 23.4%에 불과했다. 이때 보통이라고 한 답은 31.8%나 되었다. 지역정치인의 활동과 역할에 대하여 깊이 논의되어야 할 부분이다.

11) 시 · 구의원들의 적극적 활동이 투표행위에 영향을 미치는가 여부

> 설문10과 같은 시 · 구의원들의 적극적 활동이 자신의 투표행위에 영향을 미치는가?

<표 11> 시 · 구의원들의 적극적 활동이 투표행위에 미치는 영향 정도

구분	빈도	유효비율	누적비율
매우 그렇다	28	9.4	9.4
그렇다	131	43.8	53.2
보통	70	23.4	76.6
아니다	57	19.1	95.7
전혀 아니다	7	2.3	98.0
무응답	6	2.0	100.0
합계	299	100.0	

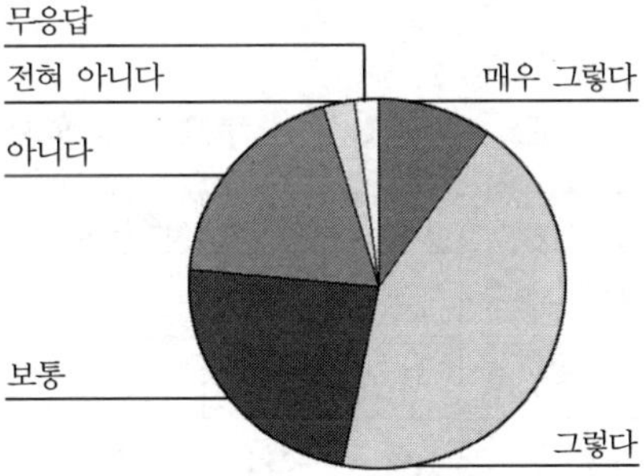

시 · 구의원들이 지역 현안을 해결하기 위해 주민들과 잦은 접촉과 활동을 하는 등의 적극적으로 활동하는 것이 주민들의 투표행위에 영향을 미치는가를 물었다.

총 299명 중 131명 43.8%가 그렇다고 응답하였고, 매우 그렇다고 한 인원은 9.4% 28명, 아니다가 19.1% 57명, 전혀 아니다가 2.3% 7명으로서 긍정적인 답변이 53.2%, 부정적인 답변 21.4%였다. 보통이라고 한 주민은 70명으로 23.4%를 차지하였다.

이를 볼 때 응답인원의 53.2%가 영향을 미친다고 함으로써 의원들의 적극적인 의정활동이 구민들의 커다란 관심사이며, 이러한 점은 바로 투표동기에 영향을 미친다는 것을 알 수 있다. 따라서 중구 주민들의 지역정치 혹은 지역문제에 대한 참여의식을 높이기 위해서는 주민대표들의 보다 적극적인 역할증대가 요망된다.

12) 자신의 투표행위에 대한 인식

> 지방선거시 자신의 한표가 지역의정활동에 영향을 미칠 수 있다고 생각하는가?

<표 12> 자신의 투표가 지역의정활동에 영향을 미치는지 여부

구분	빈도	유효비율	누적비율
매우 그렇다	30	10.0	10.0
그렇다	134	44.8	54.8
보통	69	23.1	77.9
아니다	55	18.4	96.3
전혀 아니다	4	1.3	97.7
무응답	7	2.3	100.0
합계	299	100.0	

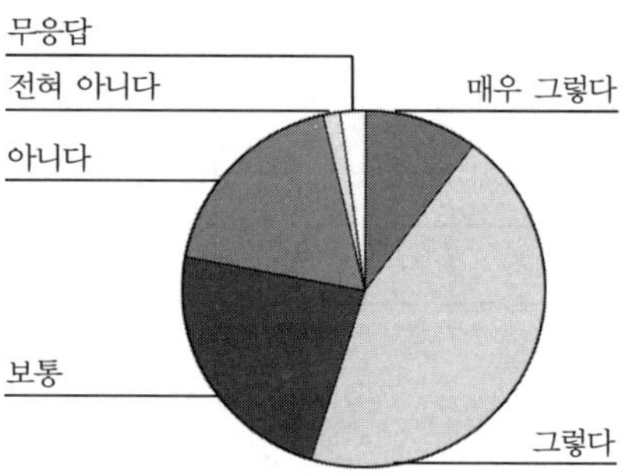

지방선거시 행사하는 자신의 한 표가 자기 지역의 지방의회의 의정활동에 영향을 미치는가를 물었다.

총 299명 중 44.8% 134명이 그렇다고 하였고, 보통이라고 한 주민은 23.1% 69명이었다. 아니다라고 응답한 사람은 18.4% 55명이였다. 대체적으로 긍정적인 인식을 갖고 있는 답변이 우세한 답변이었다.

이를 위해 지방행정당국은 지역관심사의 해결과정을 주민들에게 신속하게 전달・홍보할 수 있는 메커니즘을 개발할 필요가 있다.

13) 중앙정치의 혼란이 정치의식에 미치는 영향

> 중앙정치의 혼란 때문에 지방정치에 참여하고 싶지 않다고 생각한 적이 있는가?

<표 13> 중앙정치 혼란에 의한 지방정치 불참여 정도

구분	빈도	유효비율	누적비율
매우 그렇다	53	17.7	17.7
그렇다	144	48.2	65.9
보통	54	18.1	83.9
아니다	37	12.4	96.3
전혀 아니다	5	1.7	98.0
무응답	6	2.0	100.0
합계	299	100.0	

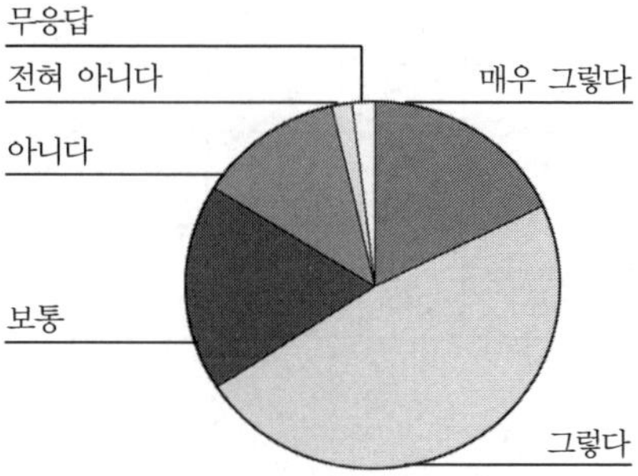

중앙정치의 혼란 때문에 지방정치에 참여하고 싶지 않다고 생각한 적이 있는가를 묻는 설문에 총 299명 중 197명 65.9%가 그렇다고 답하였다. 이 중 매우 그렇다가 17.7%, 합계 83.6%가 절대적 영향이 있음을 보여주었다.

반면에 아니다라고 응답한 주민은 아니다가 12.4%, 전혀 아니다 1.7%로 관계없음은 14.1%에 지나지 않았다. 이는 중앙정치의 혼란이 지방정치에 대한 주민들의 참여욕구에 매우 크게 영향을 미치고 있다는 것을 알 수 있다.

14) 중구정치의 성숙도

> 지방자치 실시 초기(1994년)와 현재를 비교해 볼 때 중구의 정치활동이 성숙되었다고 생각하는가?

<표 14> 중구 정치활동 성숙정도

구분	빈도	유효비율	누적비율
매우 그렇다	7	2.3	2.3
그렇다	61	20.4	22.7
보통	128	42.8	65.6
아니다	77	25.8	91.3
전혀 아니다	20	6.7	98.0
무응답	6	2.0	100.0
합계	299	100.0	

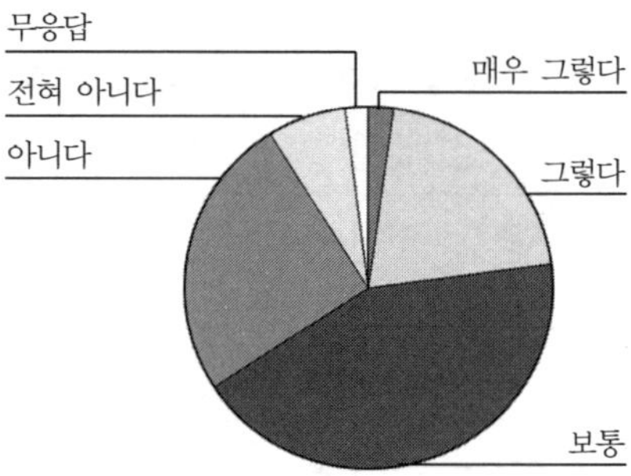

지방자치 실시 초기(1994년)와 현재를 비교해 볼 때 중구의 정치활동이 성숙되었다고 생각하는가를 묻는 설문에 아니다가 25.8%인 77명, 전혀 아니다가 6.7%인 20명으로 성숙되지 못했다고 생각하는 주민이 32.5%로 긍정적인 답변 그렇다 20.4% 61명, 매우 그렇다 2.3% 7명 22.7%보다 9.8%가 정치발전에 부정적이었다. 이 중 보통이라고 응답한 주민은 42.8.% 128명이었다. 중구 주민들이 생각하는 중구의 정치활동은 아직도 성숙되어 있지 못하다는 의식을 갖고 있다. 이는 2003년 남구 주민의 경우도 아니다 35.6%, 절대 아니다 6.4%로 총 42.0%를 보이고 있다.

15) 지역사회에 대한 관심

신문이나 방송 중구관련 정치뉴스에 관심을 기울이고 있는가?

<표 15> 중구관련 정치뉴스 관심정도

구분	빈도	유효비율	누적비율
매우 그렇다	37	12.4	12.4
그렇다	107	35.8	48.2
보통	114	38.1	86.3
아니다	28	9.4	95.7
전혀 아니다	5	1.7	97.3
무응답	8	2.7	100.0
합계	299	100.0	

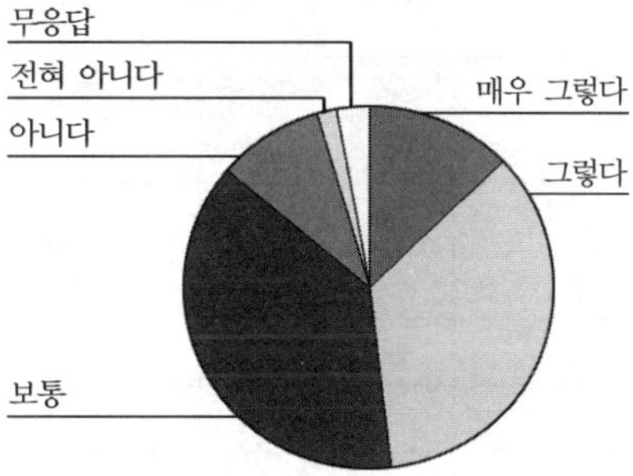

신문이나 방송을 통해 중구관련 정치뉴스에 관심을 기울이는지를 묻는 질문에 총 299명 중 보통이라는 응답이 38.1% 114명으로 가장 많았고, 그렇다가 35.8% 107명, 매우 그렇다가 12.4% 37명이었다. 이에 비해 9.4%와 1.7%는 아니라고 하여 긍정적인 응답이 48.2%로 부정적인 응답 11.1%보다 4배 이상 높게 나타나고 있다. 그러나 보통이라는 응답이 38.1%나 된다는 것에 주목할 필요가 있다.

16) 정치활동의 성숙정도와 자신의 삶의 질 관계

▲ 지역정치활동의 성숙정도가 자신의 삶의 질에 영향을 미친다고 생각하는가?

<표 16> 지역 정치성숙도가 자신의 삶의 질에 영향을 미치는지 여부

구분	빈도	유효비율	누적비율
매우 그렇다	30	10.0	10.0
그렇다	110	36.8	46.8
보통	85	28.4	75.3
아니다	53	17.7	93.0
전혀 아니다	16	5.4	98.3
무응답	5	1.7	100.0
합계	299	100.0	

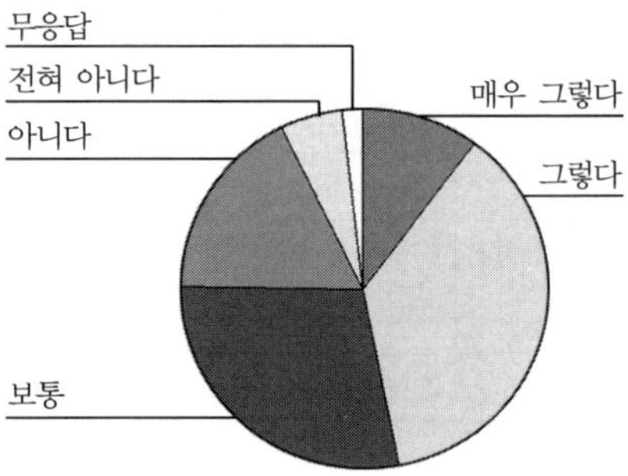

지역정치활동의 성숙정도가 자신의 삶의 질에 영향을 미친다고 생각하는가를 물었다. 총 299명 중 그렇다가 36.8% 110명, 매우 그렇다가 10.0% 30명으로 46.8%가 정치 성숙도가 자신의 삶의 질에 영향을 미친다고 생각하는 것으로 나타났다. 반면에 아니다 17.7% 53명, 전혀 아니다 5.4% 16명으로 23.1%정도가 영향을 미치지 않는다고 생각하였다. 보통이라고 응답한 주민은 28.4% 85명이었다.

여기서 나타난 결과를 보면 관련성을 부정한 사람 28.4%보다 지방정치활동의 성숙도가 자신의 삶의 질에 영향을 미친다고 느끼는 구민들은 46.8%를 보여주고 있다. 이것은 중구 주민들이 지방정치의 중요성을 인식하고 자신들의 삶의 질과 연결시키고 있다는 것을 보여주고 있다.

17) 주민 선거참여도의 저조와 정치인의 자질 관련성

> 주민 선거참여도가 낮은 이유가 정치인의 자질 때문이라고 생각하는가?

<표 17> 선거참여도가 낮은 이유가 정치인의 자질 때문인가 정도

구분	빈도	유효비율	누적비율
매우 그렇다	69	23.1	23.1
그렇다	148	49.5	72.6
보통	52	17.4	90.0
아니다	25	8.4	98.3
전혀 아니다	1	0.3	98.7
무응답	4	1.3	100.0
합계	299	100.0	

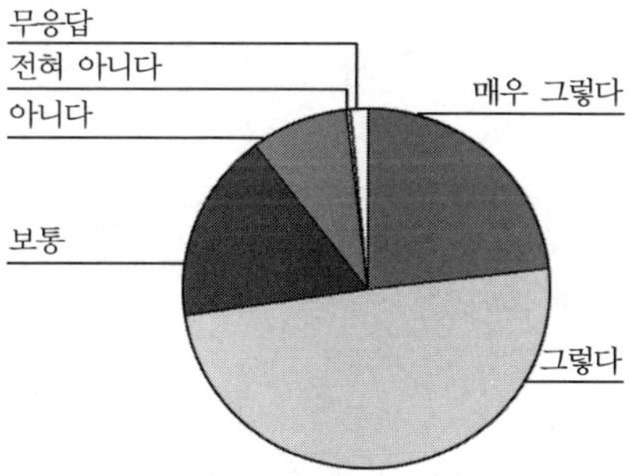

정치인의 자질 때문에 주민들의 선거참여도가 낮은가를 묻는 질문에 총 299명 중 그렇다는 응답이 49.5% 148명으로 가장 많았고, 매우 그렇다는 응답도 23.1% 69명이였다. 참여도가 낮은 이유로 정치인 때문이라고 생각하는 사람은 그렇다, 매우 그렇다를 합하여 72.6%나 되었다.

반면에 아니다 전혀 아니다라고 응답한 주민은 각각 8.4% 25명, 전혀 아니다 0.3% 1명으로 8.7%에 불과했다. 보통이라는 의견은 17.4% 52명이었다. 따라서 중구 주민들은 자신의 투표행위에 영향을 미치는 요인으로 정치인의 자질 때문임을 밝히고 있다. 이와 같은 조사

결과는 우리에게 시사하는 바가 매우 크다. 특히 1년 전 남구 주민의 의식을 조사했을 때와 매우 큰 편차를 보여주고 있다. 특히 정치인 자질 때문이라고 한 조사에서 남구 59.5%에서 중구 72.6%를 보인 점이다. 아니라고 한 설문에서는 19.8%에서 중구는 8.7%라는 점은 오늘의 정치현실에 대한 지역주민들의 정치의식이 우리에게 무엇을 요구하는지를 알 수 있다.

이 17번의 문제는 단순한 중구에 관한 것 이전에 전체적인 우리의 정치현실을 말해주는 것으로 보여진다.

18) 주민 선거참여도의 저조와 선거제도와의 관련성

> 주민 선거참여도가 낮은 이유가 선거제도상의 문제 때문이라고 생각하는가?

<표 18> 낮은 선거참여도의 이유가 선거제도상의 문제인가 정도

구분	빈도	유효비율	누적비율
매우 그렇다	28	9.4	9.4
그렇다	64	21.4	30.8
보통	76	25.4	56.2
아니다	101	33.8	90.0
전혀 아니다	16	5.4	95.3
무응답	14	4.7	100.0
합계	299	100.0	

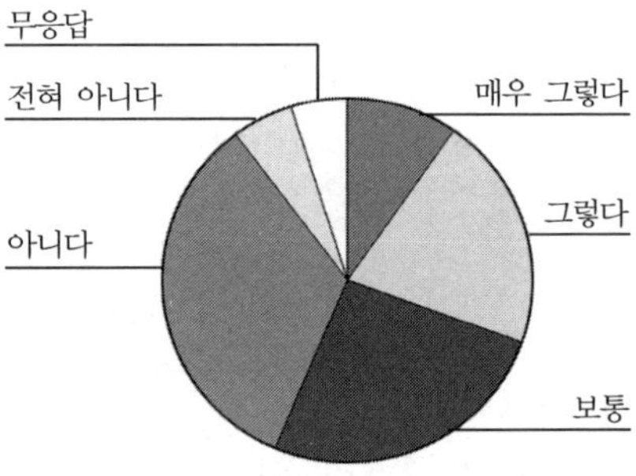

선거제도상의 문제로 주민들의 선거참여도가 낮은지를 물었다. 총 299명 중 33.8% 101명과 5.3% 16명이 아니다 전혀 아니다로 총 39.

2%였다. 보통이라고 답변한 주민은 76명 25.4%를 보면, 제도상의 문제로 선거참여도가 낮다고 생각하는 주민은 그렇다가 64명 21.4%, 매우 그렇다 28명 9.4%로 합하여 30.8%였다. 결국 선거제도상의 문제와 아닌 것은 39.2%로 인정하는 수 30.8% 간에 8.4%의 차이를 보이고 있다.

이 결과는 앞의 문항 17과 비교해 보면 그 차이를 쉽게 알 수 있는데, 중구 주민들이 선거참여의 선택행위를 선거제도상의 문제보다는 정치인의 자질에 보다 비중을 두고 선택하고 있다는 것을 알 수 있다. 기존 정치와 현실정치에 대한 부정적 인식이 크게 작용하고 있다는 것을 알 수 있다.

19) 선거참여제도의 정비와 참여의 관련성

지역의 현안문제에 대한 청문, 토론의 장이 제도적으로 만들어진다면 참여하여 적극적으로 자신의 의견을 공개적으로 제시하겠는가?

<표 19> 청문, 토론의 장에 대한 참여 가능성

구분	빈도	유효비율	누적비율
매우 그렇다	29	9.7	9.7
그렇다	104	34.8	44.5
보통	103	34.4	78.9
아니다	41	13.7	92.6
전혀 아니다	5	1.7	94.3
무응답	17	5.7	100.0
합계	299	100.0	

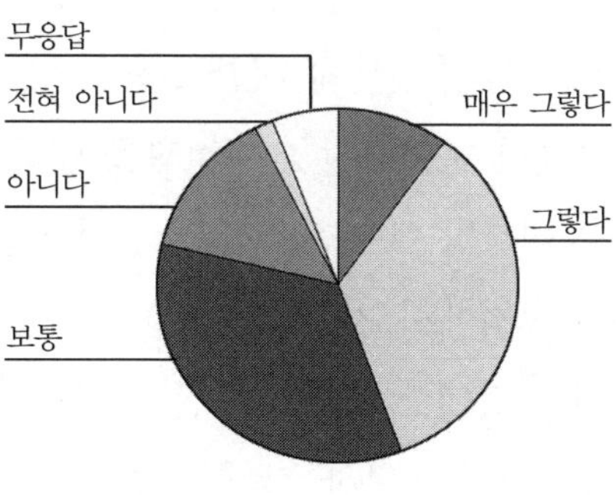

지역의 현안문제 해결을 위한 적극적 참여를 유도하는 청문, 토론의 장 등의 제도가 만들어진다면 참여하겠는가를 묻는 설문에 총 299명 중 보통이라는 응답이 34.4% 103명이었다. 그렇다는 의견은 매우 그렇다와 합하면 44.5% 133명이었고, 아니다, 전혀 아니다는 15.4% 46명이었다. 이를 참여와 망설임으로 단순 대비할 때 보통을 빼면, 긍정적 참여자가 34.4%에 불과하다는 점이다. 이는 지방정치는 물론 더 나아가 우리의 민주정치 발전에도 매우 중요한 것이다. 이같은 정치적 문제와 현안을 풀기 위해서는 지역과 중앙정부의 적극적인 노력이 요청된다. 더욱 필요한 것은 민주시민교육에 두어야 한다.

3. 결론

본 연구는 앞의 남구 연구에서 밝힌 바와 같이 우리가 수용하고 있는 자유민주주의의 이념구현을 위한 민주정치의 실천과정에서 나타나는 정치의식에 대한 실증적 분석을 한 것이다. 이를 통해 주민자치 시대의 지방정치 발전을 가져오고자 하는 데 목적을 두었다.

본 연구는 이러한 연구목적을 위해 인천광역시 중구지역을 대상으로, 지역주민들에 대한 설문조사를 통하여 정치의식과 정치행태를 실제에서 분석하여 연구결과를 얻을 수 있었다.

이상의 조사연구의 결과는 설문조사의 대상이 지역주민의 일부였다는 점에서 지역주민 전체의 의사라고 하는 데는 한계가 있다. 그러나 그럼에도 불구하고 본 연구는 인천광역시 중구의 전지역에 고르게 조사하여 설문한 것이며, 중구의 정치의식에 대한 첫 번의 연구가 되었다. 또 이 연구는 같은 시의 이웃 지역 남구 주민 정치의식의 일부 항목에서 비교를 시도하였다. 향후 지속적인 연구를 통하여 인천광역시의 전구(全區)로 확대하여 연구할 수 있고, 나아가 전국적인 조사연구로 연결되기를 희망한다.

본 연구결과는 중구지역의 지방자치가 활성화되기 위해서는 지역주민을 대표하는 단체장과 의원들의 적극적이고 능동적인 활동이 중요한 것으로 나타났다. 그리고 지역주민의 참여도를 높여 참여정치의 순도를 높여나가는 실제 방안 강구가 필요한 것으로 나타났다. 이를 위해서는 지역적 차원의 문제를 다룰 수 있는 전문가의 이론적 바탕위에 자원봉사자와 같은 실천 단체들의 역할을 중요시해야 한다. 그리고 주민들이 지역문제에 관심을 갖도록 다양한 프로그램을 마련하는 것이다. 또 간과해서는 안 될 것은 주민에 대한 민주시민교육을 지속적으로 전개하는 것이다.

제 4 장

인천 시민의 정치참여

민주정치의 기본인 국민주권의 원리는 선거에 의하여 실현되며, 민주정부는 선거에 의하여 형성된다. 그러므로 선거는 대의제 민주정치 하에서 국민이 정책결정에 참여하는 기본적인 행위이며, 동시에 주권행사의 구체적인 방법이다.

선거는 현대사회에 있어서 시민과 시민의 의사를 정치적으로 통합하는 중요한 방식이 되기도 한다. 따라서 민주국가의 인천 지방정부도 민주선거에 의하여 존재하고, 선거에 의하여 정치행위가 이루어진다. 그러므로 인천 시민의 정치의식이나 정치행태는 인천 정치에 지대한 영향을 주고 있다. 이에 본장은 인천시의 선거결과를 통하여 인천 시민의 정치참여 행태－선거행태를 확인하고자 하였다. 다만 이 장에서는 최근의 선거상황인 2002년의 지방선거의 시장, 구청장, 군수, 시의원과 16대 대통령 선거, 그리고 2004년 17대 국회의원 선거의 결과를 대상으로 하였다. 본장에서는 2002년 이전의 것은 연구되지 않았다. 그리고 자료는 선거관리위원회 자료에 의하여 조사·분석하였다.

Ⅰ. 시장 · 구청장 · 군수선거

2002년 6월 13일 제3회 지방선거가 전국 1만 3천461개 투표소에서 일제히 시작되었다. 이번 선거에선 시 · 도지사 16명, 시장 · 군수 · 구청장 232명, 시 · 도의원 682명(비례대표 73명 포함), 시 · 군 · 구의원 3천485명 등 모두 4천415명의 자치단체장과 지방의원을 선출하였다.

6 · 13전국동시지방선거에 적용될 인천지역 인구수는 257만 3천210명에 이르고, 이 가운데 선거인수(만 20세 이상 주민수)는 181만 2천94명에 달하는 것으로 나타났다. 6 · 13지방선거에 적용될 인구수는 137개 읍 · 면 · 동에 투표구는 576개소, 85만 3천838세대에 20세 이상 주민수는 181만 2천94명에 이른다. 20세 이상 주민의 남녀성비는 남자가 90만 2천668명이고 여자가 90만 9천426명으로 여자가 6천700여명 더 많은 것으로 나타났다.

중앙선거관리위원회는 이번 선거에서 전체 유권자 3천474만 4천232명 중 1천697만 2천945명이 참여, 48.9%의 전국 평균투표율을 기록했다고 밝혔다.

이는 1995년 지방선거 투표율 68.4%보다 무려 19.5% 포인트, 1998년 지방선거 투표율 52.7%보다 3.8% 포인트, 2000년 제16대 총선 투표율 57.2%보다는 9.2% 포인트 낮은 것이다. 지역별로는 제주가 68.9%로 가장 높고 서울은 45.8%, 경기 44.6%이며 인천은 39.4%로 전국 최하위를 기록했다. 각 선거구별 투표율을 보면 다음과 같다.

<표> 인천광역단체장 투표율

위원회명	선거인수(부재자)	총투표자수	투표율(%)
	1,809,907(37,406)	712,547	39.4
중구(인천)	56,476(1,056)	27,214	48.2
동구(인천)	57,370(1,162)	28,463	49.6
남구(인천)	317,337(6,815)	125,055	39.4
연수구	174,043(3,668)	67,794	39.0
남동구	286,397(6,209)	105,993	37.0
부평구	391,526(8,226)	148,681	38.0
계양구	226,315(4,200)	79,785	35.3
서구(인천)	237,302(4,623)	86,097	36.3
강화군	51,913(1,243)	34,668	66.8
옹진군	11,228(204)	8,797	78.3

1. 광역시장 선거

시장 선거에서는 한나라당 안상수 후보, 민주당 박상은 후보, 민주노동당 김창한 후보, 녹색평화당 신맹순 후보, 사회당 김영규 후보 등 5명이 등록, 5대 1의 경쟁률을 보였다. 투표결과 안상수(한) 393,934 (56.18%)로 시장으로 당선되었다. 민주노동당 박상은 후보는 225,207 (32.11%), 민주도동당 김창한 후보는 35,234(5.02%), 녹색평화당 신맹순 후보는 29,473(4.20%), 사회당 김영규 후보는 17,404(2.48%)표를 획득하였다. 선거결과는 후보자별, 정당별 득표상황은 다음 표와 같다.

<표> 제3회 전국동시지방 선거 광역시장 후보자별 득표상황

선거인수	투표자수	유효투표수						무효투표수	기권수
		후보자별 득표수					계		
		한나라당	민주당	녹색평화당	민주노동당	사회당			
		안상수	박상은	신맹순	김창한	김영규			
1,809,907 (37,406)	711,602 (33,793)	393,932	225,210	29,473	35,234	17,404	701,253	10,349	1,098,305

<표> 제3회 전국동시지방 선거 광역단체장 정당별 득표상황

시도명	정당별								
	합계	한나라당	민주당	자민련	민국당	녹색평화당	민주노동당	사회당	무소속
합계	16,683,072	8,820,102	4,874,653	870,475	8,373	57,507	782,490	42,715	1,226,757
인천	701,253	393,932	225,210			29,473	35,234	17,404	

후보자들의 선거구별 득표상황을 보면 한나라당 안상수 후보가 모든 선거구에서 우위를 점하고 있다. 선거구별 득표상황은 다음 표와 같다.

<표> 인천광역시장 선거에서 선거구별 득표상황

위원회명	선거인수	투표자수	유효투표수						무효투표수	기권수
			후보자별 득표수					계		
			한나라당	민주당	녹색평화당	민주노동당	사회당			
			안상수	박상은	신맹순	김창한	김영규			
계	1,809,907 (37,406)	711,602 (33,793)	393,932	225,210	29,473	35,234	17,404	701,253	10,349	1,098,305
중구(인천)	56,476 (1,056)	27,197 (927)	15,627	8,295	1,154	987	599	26,662	535	29,279
동구(인천)	57,370 (1,162)	28,452 (1,096)	16,071	8,484	971	1,484	806	27,816	636	28,918
남구(인천)	317,337 (6,815)	124,830 (6,193)	71,928	37,404	5,341	5,028	3,276	122,977	1,853	192,507

연수구	174,043 (3,668)	67,745 (3,218)	40,332	19,621	2,711	2,590	1,681	66,935	810	106,298
남동구	286,397 (6,209)	105,918 (5,682)	56,823	33,644	6,905	4,372	2,805	104,549	1,369	180,479
부평구	391,526 (8,226)	148,406 (7,439)	78,925	47,685	5,728	10,827	3,440	146,605	1,801	243,120
계양구	226,315 (4,200)	79,673 (3,725)	45,748	25,930	2,376	3,144	1,637	78,835	838	146,642
서구 (인천)	237,302 (4,623)	85,958 (4,135)	46,138	27,657	3,132	5,544	2,252	84,723	1,235	151,344
강화군	51,913 (1,243)	34,626 (1,183)	17,134	14,150	755	936	679	33,654	972	17,287
옹진군	11,228 (204)	8,797 (195)	5,206	2,340	400	322	229	8,497	300	2,431

2. 구청장 · 군수 선거

전국에서 가장 낮은 투표율을 기록한 인천시의 경우 전체 유권자 180만 9천907명 중 39.4%가 참여한 가운데 당선자가 기록한 득표율이 56.2%이다. 전체 유권자 가운데 당선자를 위해 투표에 참여하고 적극적으로 표를 던진 사람은 21.8%에 불과하다는 이야기이다. 군 · 구별로는 옹진군(78.3%)이 가장 높았고, 강화군(66.8%) 동구(49.6%) 중구(46.8%) 남구(36.1%) 연수구(39.0%) 부평구(38.1%) 남동구(37.2%) 계양구(35.3%) 등의 순이며, 서구(34.6%)가 가장 낮았다. 구청장 · 군수 선거에서 투표상황은 다음 표와 같다.

구청장 · 군수, 즉 인천지역 기초단체장 선거결과의 특징은 한나라당 후보의 약진과 함께 50-60대 정당인 또는 현직의 대거 등장을 꼽을 수 있다. 지난 98년 실시된 지방선거에서 민주당 전신인 국민회의와 자민련이 연합공천하여 10개 전지역에서 승리한 것과는 대조적으로 중구(김홍섭), 옹진군(조건호) 등 민주당 2개 지역을 제외한

<표> 구청장 · 군수(기초자치단체장) 투표상황

위원회명	선거인수(부재자)	총투표자수	투표율(%)
	1,809,907(37,406)	712,547	39.4
중구(인천)	56,476(1,056)	27,214	48.2
동구(인천)	57,370(1,162)	28,463	49.6
남구(인천)	317,337(6,815)	125,055	39.4
연수구	174,043(3,668)	67,794	39.0
남동구	286,397(6,209)	105,993	37.0
부평구	391,526(8,226)	148,681	38.0
계양구	226,315(4,200)	79,785	35.3
서구(인천)	237,302(4,623)	86,097	36.3
강화군	51,913(1,243)	34,668	66.8
옹진군	11,228(204)	8,797	78.3

8개 구 · 군에서 한나라당 후보가 당선됐다.

민주노동당과 녹색평화당, 무소속 등은 구청장 · 군수 당선에는 실패했다. 수도권에서 일어난 한나라당 바람에는 인천의 기초단체장 선거 역시 예외는 아니었다. 기초단체장 가운데 최다 득표자는 박윤배(한나라당) 부평구청장 당선자로 14만 8천406명의 투표자 중 47.33%에 달하는 6만 9천329명을 획득했고, 다음은 박우섭(한나라당) 남구청장 당선자와 윤태진(한나라당) 남동구청장 당선자로 각각 6만 2천445명과 6만 679명을 얻었다. 최고 득표율은 조건호 옹진군수 당선자로 투표자 8천797명 중 5천468표를 얻어 63.81% 득표율을 올렸다.

2위와 가장 작은 득표차의 당선자는 김홍섭 중구청장 당선자로 유효 투표자중 전체 50.08%인 1만 3천351표를 얻어 49.92%(1만 3천309표)를 득표한 한영환(한나라당) 후보를 불과 42표차로 따돌리고 당선됐다. 그러나 중구를 제외한 대부분의 당선자들이 1만표 안팎의 큰 차이를 내고 낙승한 것으로 드러나 한나라당은 표수뿐만 아니라

내용면에 있어서도 압승한 지방선거로 기록하게 됐다.

기초단체장의 경우 80%가 세대교체를 이루어 향후 구정운영 및 의정활동에 새 바람이 예상되었다. 즉 인천의 경우 이번 선거에서 가장 많은 세대교체를 이룬 분야는 기초단체장으로, 전체 10석 중 옹진군과 중구를 제외한 8개 지역에서 새로운 인물이 선택되었다. 구청장·군수 선거결과는 다음 표와 같다.

<표> 기초단체장 후보자별 득표상황

선거구명	선거인수	투표자수	유효투표수					무효투표수	기권수
			후보자별 득표수				계		
중구(인천)			한나라당	민주당					
			한영환	김홍섭					
	56,476 (1,056)	27,195 (927)	13,320	13,355			26,675	520	29,281
동구(인천)			한나라당	민주당					
			이화용	김창수					
	57,370 (1,162)	28,451 (1,096)	14,366	13,456			27,822	629	28,919
남구(인천)			한나라당	민주당	무소속				
			박우섭	이영환	정명환				
	317,337 (6,815)	124,849 (6,230)	62,454	36,729	23,751		122,934	1,915	192,488
연수구			한나라당	민주당					
			정구운	고남석					
	174,043 (3,668)	67,740 (3,218)	40,374	26,375			66,749	991	106,303
남동구			한나라당	민주당	녹색평화당				
			윤태진	박규영	이장수				
	286,397 (6,209)	105,905 (5,682)	60,679	35,440	8,107		104,226	1,679	180,492
부평구			한나라당	민주당	민주노동당				
			박윤배	박수묵	한상욱				
	391,526 (8,226)	148,379 (7,439)	69,329	49,159	28,006		146,494	1,885	243,147

계양구			한나라당	민주당	무소속				
			박희룡	이익진	전병곤				
	226,315 (4,200)	79,675 (3,720)	38,753	29,810	10,119		78,682	993	146,640
서구 (인천)			한나라당	민주당	무소속	무소속			
			이학재	민우홍	권중광	박현양			
	237,302 (4,623)	85,968 (4,136)	37,216	24,758	12,918	9,865	84,757	1,211	151,334
강화군			한나라당	민주당	무소속				
			유병호	김선흥	이영화				
	51,913 (1,243)	34,625 (1,183)	19,331	13,280	1,339		33,950	675	17,288
옹진군			한나라당	민주당					
			김종길	조건호					
	11,228 (204)	8,797 (195)	3,101	5,468			8,569	228	2,431

구청장 · 군수 선거에서 정당별 득표상황을 보면 한나라당이 단연 앞서고 있으며, 이를 이어 민주당, 자민련, 민주노동당, 미래연합 순으로 나타나고 있다. 이는 다음 표와 같다.

<표> 기초단체장 정당별 득표상황

정당별									
합계	한나라당	민주당	자민련	민국당	미래연합	노권당	녹색평화당	민주노동당	무소속
16,594,807	7,389,336	4,433,421	696,669	10,124	138,337	5,388	8,107	192,248	3,721,185
700,858	358,923	247,830					8,107	28,006	57,992

Ⅱ. 시의원 선거

이번 선거를 통해 나타난 인천 시의회 의원 의석수 획득은 한나라당, 민주당, 무소속의 순으로 나타났다. 1998년에는 한나라당이 26석 중 4석을 차지하고, 민주당의 전신인 국민회의가 20석을 획득했었다. '상전벽해'를 실감나게 할 정도의 대변화라고 볼 수 있다.

민주당은 강화군 제2선거구(박용렬)와 옹진군 제1선거구(김성호)에서만 당선자를 냈을 뿐, 도심에선 한 명의 당선자도 확보하지 못했다. 강화군 제2선거구에 한나라당은 후보를 내지 않았다. 무소속으로 출마한 김필우 후보가 옹진군 제2선거구에서 한나라당 윤하경 후보에 10표차 신승을 거둔 점도 눈에 띄는 대목이다.

정당별 득표에서 민주노동당이 6.3%를 획득해 3.6%에 그친 자민련을 크게 앞서며 비례대표 의석 확보의 기회를 얻었으나 끝내 한나라당에 내줘야 했다. 원내 진입에 실패하기는 했지만 민주노동당은 인천지역 제3의 정당으로 발돋움함에 따라 정치지형의 새로운 변화를 여실히 드러내기도 했다. 98년 지방선거에서 비례대표를 포함해 2석을 확보했던 자민련은 이번 선거에선 1석도 얻지 못하였다.

이번 선거에서 처음으로 도입된 정당투표에서는 한나라당이 37만 7천923표(54.4%)를 얻었으며, 민주당 20만 6천861표(29.8%), 민주노동당 4만 3천600표(6.3%), 자민련 2만 4천693표(3.6%), 녹색평화당 1만 8천35표(2.6%), 미래연합 1만 3천743표(2.0%), 사회당 9천459표(1.4%) 등의 순으로 나타났다.

당선자 가운데 3선의원은 신경철(한나라 · 남동구 제4선거구)의원 1명

뿐이며, 재선의원은 박창규(한나라 · 남구 제1선거구), 박승숙(한나라 · 남구 제2선거구), 이명우(한나라 · 연수구 제1선거구), 신영은(한나라 · 남동구 제1선거구), 김성호(민주 · 옹진 제1선거구) 등 5명이다. 나머지는 모두 초선이다.

성별로 보면 박승숙(한나라 · 남구 제2선거구), 김성숙(한나라 · 비례대표) 당선자 등 여성의원은 2명뿐이다. 2대 때의 3명에서 오히려 줄었다.

연령별로는 40대가 15명으로 가장 많았으며, 50대가 9명, 60대가 5명 등이다. 지난 98년 6명에 달했던 30대는 1명도 없다. 초등학교 졸업 학력은 없으며, 중졸이 1명, 나머지는 고졸 이상의 학력을 보였다. 대학원 졸업자도 8명이나 됐다.

중구 제1선거구에서는 한나라당 안병배 후보가 4,591(42.08%), 2선거구에서는 한나라당 이규원 후보가 9,154(58.97%)표를 얻어 당선되었다. 동구 1선거구에서는 한나라당 황인성 후보가 7,965(58.73%), 2선거구에서는 한나라당 윤태길 후보가 7,799(55.69%)표로 당선되었다. 남구 1선거구에서는 박창규 한나라당 후보가 17,515(63.20%), 2선거구에서는 박승숙 한나라당 후보가 20,093(65.68%), 3선거구에서는 이근학 한나라당 후보가 17,583(60.49%), 4선거구에서는 한광원 한나라당 후보가 19,719(57.61%)표로 당선되었다. 이는 다음 표와 같다.

연수구의 1선거구에서는 이명우 한나라당 후보가 19,862(63.39%), 2선거구에서는 추연어 한나라당 후보가 21,385(61.19%)표로 당선되었다. 남동구의 1선거구에서는 신영은 한나라당 후보가 15,564(57.62%), 2선거구에서는 최병덕 한나라당 후보가 14,392(59.21%), 3선거구에서는 강석봉 한나라당 후보가 14,575(52.94%), 4선거구에서는 신경철 한나라당 후보가 14,475(59.07%)표로 당선되었다.

<표> 중구, 동구, 남구 광역의원 후보자별 득표상황

선거구명	선거인수	투표자수	유효투표수					무효투표수	기권수
			후보자별 득표수				계		
중구(인천) 제1선거구			한나라당	민주당	미래연합	무소속			
			안병배	정춘근	김식길	민근홍			
	25,219 (470)	11,176 (412)	4,591	3,030	1,173	2,117	10,911	265	14,043
중구(인천) 제2선거구			한나라당	민주당					
			이규원	노경수					
	31,257 (586)	16,038 (515)	9,154	6,370			15,524	514	15,219
동구(인천) 제1선거구			한나라당	민주당					
			황인성	김영주					
	27,949 (559)	13,999 (532)	7,965	5,597			13,562	437	13,950
동구(인천) 제2선거구			한나라당	민주당					
			윤태길	원미정					
	29,421 (603)	14,458 (564)	7,799	6,206			14,005	453	14,963
남구(인천) 제1선거구			한나라당	민주당					
			박창규	신영현					
	75,311 (1,516)	28,514 (1,405)	17,515	10,199			27,714	800	46,797
남구(인천) 제2선거구			한나라당	민주당					
			박승숙	이근호					
	81,803 (1,865)	31,559 (1,703)	20,093	10,497			30,590	969	50,244
남구(인천) 제3선거구			한나라당	민주당					
			이근학	신병희					
	70,621 (1,412)	30,009 (1,302)	17,583	11,487			29,070	939	40,612
남구(인천) 제4선거구			한나라당	민주당	자민련				
			한광원	우옥란	이충면				
	89,602 (2,022)	34,925 (1,804)	19,719	12,492	2,015		34,226	699	54,677

부평구의 1선거구에서는 이범성 한나라당 후보가 19,289(49.82%), 2선거구에서는 고진섭 한나라당 후보가 20,027(51.02%), 3선거구에서는 이진우 한나라당 후보가 16,880(46.48%), 4선거구에서는 김덕희 한나라당 후보가 16,024(51.31%)표로 당선되었다.

<표> 연수구, 남동구, 부평구 광역의원 후보자별 득표상황

선거구명	선거인수	투표자수	유효투표수				무효투표수	기권수
			후보자별 득표수			계		
연수구 제1선거구			한나라당	민주당	무소속			
			이명우	이향출	이찬일			
	76,309 (1,642)	31,957 (1,417)	19,862	8,650	2,821	31,333	624	44,352
연수구 제2선거구			한나라당	민주당				
			추연어	임성모				
	97,734 (2,026)	35,848 (1,801)	21,385	13,565		34,950	898	61,886
남동구 제1선거구			한나라당	민주당	무소속			
			신영은	김대중	신창현			
	78,169 (1,443)	27,671 (1,333)	15,564	8,280	3,168	27,012	659	50,498
남동구 제2선거구			한나라당	민주당				
			최병덕	허영				
	67,930 (1,538)	24,866 (1,385)	14,392	9,915		24,307	559	43,064
남동구 제3선거구			한나라당	민주당	미래연합			
			강석봉	박창옥	박보환			
	78,889 (1,642)	28,287 (1,534)	14,575	10,097	2,861	27,533	754	50,602
남동구 제4선거구			한나라당	민주당				
			신경철	최영만				
	61,409 (1,586)	25,141 (1,430)	14,475	10,030		24,505	636	36,268
부평구 제1선거구			한나라당	민주당	무소속			
			이범성	두충근	황선무			
	106,024 (2,203)	39,572 (1,989)	19,289	15,521	3,909	38,719	853	66,452

부평구 제2선거구			한나라당	민주당	무소속			
			고진섭	이후종	김성복			
	106,949 (2,163)	40,211 (1,958)	20,027	13,910	5,320	39,257	954	66,738
부평구 제3선거구			한나라당	민주당	민주노동당			
			이진우	장종남	박남수			
	102,901 (2,061)	37,012 (1,873)	16,880	11,873	7,565	36,318	694	65,889
부평구 제4선거구			한나라당	민주당	민주노동당			
			김덕희	김학태	이용규			
	75,652 (1,799)	31,751 (1,619)	16,024	9,058	6,149	31,231	520	43,901

계양구의 1선거구에서는 이강효 한나라당 후보가 21,420(52.40%), 2선거구에서는 이주삼 한나라당 후보가 19,969(53.96%)표로 당선되었다. 서구의 1선거구에서는 송병억 한나라당 후보가 21,784(54.77%), 2선거구에서는 신호수 한나라당 후보가 22,941(51.90%)표로 당선되었다. 강화군의 1선거구에서는 전승기 한나라당 후보가 8,151(46.20%), 2선거구에서는 박용렬 민주당 후보가 9,283(62.06%)표로 당선되었다. 옹진군의 1선거구에서는 김성호 민주당 후보가 2,263(53.15%), 2선거구에서는 무소속 김필우 후보가 1,261(29.80%)표로 당선되었다. 이는 다음 표와 같다.

<표> 계양구, 서구, 강화군, 옹진군 광역의원 후보자별 득표현황

선거구명	선거인수	투표자수	유효투표수				무효투표수	기권수
			후보자별 득표수			계		
계양구 제1선거구			한나라당	민주당				
			이강효	박형우				
	118,002 (2,283)	41,879 (2,043)	21,420	19,461		40,881	998	76,123
계양구			한나라당	민주당				

제2선거구			이주삼	김성정				
	108,313 (1,917)	37,883 (1,703)	19,969	17,040		37,009	874	70,430
서구(인천) 제1선거구			한나라당	민주당	사회당			
			송병억	김종립	서은자			
	116,470 (2,002)	40,660 (1,762)	21,784	13,576	4,413	39,773	887	75,810
서구(인천) 제2선거구			한나라당	민주당	민주노동당			
			신호수	이병재	김석중			
	120,832 (2,621)	45,327 (2,372)	22,941	13,807	7,458	44,206	1,121	75,505
강화군 제1선거구			한나라당	민주당	무소속			
			전승기	윤용환	윤치문			
	28,351 (723)	18,219 (679)	8,151	5,591	1,602	17,643	576	10,132
강화군 제2선거구			민주당	무소속				
			박용렬	송태식				
	23,562 (520)	16,451 (504)	9,283	5,676		14,959	1,492	7,111
옹진군 제1선거구			한나라당	민주당				
			배영민	김성호				
	5,889 (93)	4,444 (88)	1,995	2,263		4,258	186	1,445
옹진군 제2선거구			한나라당	민주당	무소속			
			윤하경	김남훈	김필우			
	5,339 (111)	4,353 (107)	1,251	1,002	1,261	4,232	121	986

Ⅲ. 대통령 선거

2002년 12월 19일 제16대 대통령 선거가 시행되었다. 제16대 대통령 선거는 전체 유권자 3,499만 1,529명 가운데 2,455만 8,290명이 투표해 역대 대선 중 최저치인 70.2%(선관위 잠정집계)를 기록하는

데 그쳤다. 선관위의 예측치 75%선보다도 한참 떨어진 것이다. 이런 투표율은 15대 대선 때의 80.7%보다 무려 10.5% 포인트나 하락한 것이며, 이제껏 가장 낮았던 1971년 7대 선거 때의 79.8%보다도 9.6% 포인트나 낮은 수치다.

<표> 최근 선거투표율 변동 추이 비교

시도명	제15대 대통령 선거 1997.12.18	제2회 전국동시지방 선거 1998. 6. 4	제16대 국회의원총 선거 2000. 4.13	제3회 전국동시지방 선거 2002. 6.13	제16대 대통령 선거 2002.12.19
	80.7	52.7	57.2	48.8	70.8
서울	80.5	46.9	54.3	45.7	71.4
부산	78.9	46.7	55.4	41.8	71.2
대구	78.9	46.8	53.5	41.5	71.1
인천	80.0	43.2	53.4	39.4	67.8
광주	89.9	45.1	54.0	42.4	78.1
대전	78.6	44.5	53.3	42.3	67.6
울산	81.1	57.6	59.1	52.3	70.0
경기	80.6	50.0	54.9	44.6	69.6
강원	78.5	64.3	62.9	59.0	68.4
충북	79.3	61.0	60.8	55.8	68.0
충남	77.0	59.5	60.1	56.1	66.0
전북	85.5	57.8	60.6	54.7	74.6
전남	87.3	68.2	66.8	65.6	76.4
경북	79.2	64.9	64.6	60.4	71.6
경남	80.3	61.1	60.6	56.2	72.4
제주	77.1	73.7	67.2	68.9	68.6

지역별 투표율을 보면 정 대표의 갑작스런 '지지철회' 파문과 이번 대선구도가 미친 영향이 극명하게 드러난다. 평균 투표율에 미달한 지역은 울산 70%, 제주 69%, 강원 68.2%, 경기 68%, 충북 67.9%, 대전 67.4%, 인천 66.1%, 충남 65.9% 등 8개 지역이었다.

노 후보가 압도적인 우세를 보였던 광주와 전남, 전북 등 호남지역에서는 정 대표의 '지지철회' 파문이 위기감을 자극해 투표율 1, 2, 3위를 차지했고, 자기 지역출신 후보가 없고 정 대표의 지지세가 강했던 울산, 경기, 충청, 강원지역의 투표율은 상대적으로 낮았다. 전국의 시도별 투표상황은 다음 표와 같다.

<표> 16대 대통령 선거 시도별 투표상황

시도명	선거인수 (부재자)	총투표자수	투표율(%)
	34,991,529(867,476)	24,784,963	70.8
서울	7,670,682(182,521)	5,475,715	71.4
부산	2,786,142(70,091)	1,983,492	71.2
대구	1,827,162(46,733)	1,299,968	71.1
인천	1,824,905(40,062)	1,236,447	67.8
광주	967,222(30,571)	755,398	78.1
대전	998,541(26,539)	675,029	67.6
울산	729,645(18,484)	510,496	70.0
경기	6,944,934(149,090)	4,831,412	69.6
강원	1,131,168(31,596)	773,560	68.4
충북	1,079,642(28,061)	734,385	68.0
충남	1,398,762(34,036)	922,882	66.0
전북	1,427,135(40,556)	1,064,744	74.6
전남	1,521,109(45,611)	1,161,511	76.4
경북	2,044,285(54,674)	1,463,664	71.6
경남	2,249,044(58,054)	1,628,033	72.4
제주	391,151(10,797)	268,227	68.6

후보 지지도 추이를 보면, 선거법이 금지해 발표할 수는 없었지만 언론사와 여론조사기관들은 대선기간 동안 수시로 여론조사를 실시했다. 공표가 금지됐던 11월 27일부터 17일 저녁까지의 여론조사 결과 추세의 특징은 민주당 노무현(盧武鉉) 후보의 꾸준한 리드 속에 한나라당 이회창(李會昌) 후보가 계속 추격하는 양상이었다는 점이다.

지지율 수치 면에서 노 후보는 줄곧 40% 이상 지지율을 고수한 데 비해 이 후보는 40%대의 벽을 넘지 못했다. 선거 종반에 이를 때까지 지지후보를 결정하지 못했거나 지지후보를 바꿀 생각을 갖고 있는 부동표(浮動票) 규모가 20%대를 넘나들 정도로 많았던 사실도 특이하다.

노무현 후보는 44.4%, 이회창 후보는 38.8%(한국일보 미디어리서치 11월 26일 여론조사)의 지지도를 안고 11월 27일 16대 대선 공식 선거운동에 돌입했다. 11월 29일 미디어리서치의 자체 조사에선 두 사람의 지지도 차가 오히려 1% 포인트 정도 더 벌어졌다. 12월이 시작되면서 '단풍'(單風)은 조정국면을 보였다. 2일 미디어리서치 조사에서 노 후보는 약 43%, 이 후보는 약 40%를 기록해 차이가 3% 포인트 정도로 줄었다. 판별 분석에서는 1% 포인트 차로 이 후보가 노 후보를 쫓아왔다.

한나라당이 11월 28일 터뜨린 국정원 도청 의혹이 영향을 미친 결과로도 볼 수 있으나 의외로 그 규모는 미미했다는 분석이 지배적이다. 3일 첫 TV 합동토론이 벌어진 직후 이루어진 4, 5일의 여론조사에서는 민노당 권영길(權永吉) 후보의 선전이 화제였다. 단순지지도 5%선을 넘었는가 하면 일부 조사기관의 판별 분석에서는 10%의 지지도가 나왔다. 5일 한국일보·미디어리서치 조사에선 노 후보 42.5%, 이 후보 39.3%로 여전히 3% 포인트대의 간극을 유지했다. 결과적으로 TV토론 자체는 판세에 별 영향을 미치지 못했다.

선거전 중반이 시작된 6일 정도부터 이 후보의 지지도가 빠지기 시작했다. 이 후보의 반미 관련 행보가 부정적 영향을 미쳤다는 해석이다. 7일 미디어리서치 조사에서 이 후보는 35.1%를 기록해 5일 조사보다 4.2% 포인트나 지지도가 떨어졌다. 이에 비해 노 후보는 41.

8%의 안정적인 지지도를 유지했다. 일부 조사에선 두 사람 격차가 10% 포인트에 육박하기도 했다. 그러나 이 후보는 8일 정치개혁안을 제시하면서 발판을 마련, 9일 미디어리서치 조사에서 37.1%로 지지도를 약간 회복했고, 노 후보는 42.9%의 현상유지 수준을 보였다.

10일 2차 TV토론을 통해 쟁점화한 노 후보의 신행정수도 건설 공약은 선거전 종반 두 후보의 지지도 격차를 좁히는 중요한 요인이 됐다. 12일 미디어리서치 조사에서 노 후보 42.5%, 이 후보 37.0%로 격차가 5.5% 포인트로 줄더니 14일 한국일보·미디어리서치 조사에선 다시 노 후보 43.6%, 이 후보 38.7%로 차이가 4.9% 포인트로 좁혀졌다.

수도권에서 노 후보 지지도가 굴곡을 보인 것이 원인이었다. 그러나 14일부터 정몽준 대표가 노 후보 지원유세에 나서고 자민련도 중립을 선언한 것이 노 후보의 하락세를 잡았다. 노 후보는 선거전 종반 안정을 되찾아 17일 한국일보·미디어리서치 조사에서는 43.2%의 지지를 얻어 37.8%에 그친 이 후보와의 간극을 5.4% 포인트로 더 벌렸다. 판별 분석에서도 노 후보는 48.5% 대 43.8%, 4.7% 포인트 차이로 이 후보보다 우위였다. 대부분 여론조사기관들이 4-6% 포인트 정도의 노 후보 우위를 예측했다.

노 후보는 접전지역으로 분류됐던 수도권과 충청권에서 이 후보를 비교적 큰 표차로 앞서면서 결정적인 승기를 잡았고, 호남과 제주에서도 우세를 보였다. 이 후보는 부산·대구 등 영남권과 강원에서 노 후보를 앞섰다.

노 후보는 서울에서 51.30% 대 44.96%, 인천 49.86% 대 44.52%, 경기 50.65% 대 44.19%로 수도권에서 모두 앞섰으며, 대전 55.09% 대 39.82%, 충북 50.42% 대 42.89%, 충남 52.16% 대 41.23%로 충

청권에서도 상당한 격차로 이겼다.

노 후보는 보수층이 두터운 강원에서 41.51%를 얻어 나름대로 선전을 한 것으로 평가받았다. 특히 접경지역에서 승리를 거두어 대북관계에 민감한 지역에서 노 후보의 대화와 타협을 통한 대북관계 진전 공약이 긍정적인 영향을 준 것으로 보인다.

노 후보는 호남권에선 90%가 넘는 압도적 지지를 획득한 반면, 영남권에선 당초 기대보다는 미흡한 표가 나왔다.

이 후보는 대구에서 77.75%(1,002,164표), 부산에서 66.75%(1,314,274표)의 득표율로 1위를 차지하는 등 예상대로 부산·경남과 대구·경북에서 노 후보를 크게 앞섰지만 수도권과 충청권의 패배를 만회하지 못했다. 노 후보는 부산에서 587,946표(29.86%)를 얻었다.

권영길 민주노동당 후보는 개표종료 결과 957,056표로 3.90%를 얻어 5% 정도 나올 것으로 보았던 여론조사 결과보다 부진한 득표를 기록했는데, 이는 정 대표의 지지 철회 선언으로 권 후보 지지자 중 일부가 노 후보 지지로 선회한 것으로 보인다. 전국 시도별로 후보자들의 특표상황을 보면 다음 표와 같다.

<표> 시도별 후보자 특표상황

시도명	선거인수	투표자수	유효투표수							무효투표수	기권수
			후보자별 득표수						계		
			한나라당	민주당	하나로연합	민주노동당	사회당	호국당			
			이회창	노무현	이한동	권영길	김영규	김길수			
계	34,991,529 (867,476)	24,784,963 (814,961)	11,443,297	12,014,277	74,027	957,148	22,063	51,104	24,561,916	223,047	10,206,566
서울	7,670,682 (182,521)	5,475,715 (174,760)	2,447,376	2,792,957	12,724	179,790	4,706	6,437	5,443,990	31,725	2,194,967
부산	2,786,142 (70,091)	1,983,492 (66,804)	1,314,274	587,946	2,148	61,281	1,380	2,064	1,969,093	14,399	802,650
대구	1,827,162 (46,733)	1,299,968 (43,877)	1,002,164	240,745	1,699	42,174	810	1,317	1,288,909	11,059	527,194

인천	1,824,905 (40,062)	1,236,447 (38,024)	547,205	611,766	3,600	61,655	1,612	1,978	1,227,816	8,631	588,458
광주	967,222 (30,571)	755,398 (28,734)	26,869	715,182	803	7,243	305	1,014	751,416	3,982	211,824
대전	998,541 (26,539)	675,029 (24,866)	266,760	369,046	2,157	29,728	747	1,408	669,846	5,183	323,512
울산	729,645 (18,484)	510,496 (17,014)	267,737	178,584	997	57,786	502	716	506,322	4,174	219,149
경기	6,944,934 (149,090)	4,831,412 (140,912)	2,120,191	2,430,193	26,072	209,346	4,119	8,085	4,798,006	33,406	2,113,522
강원	1,131,168 (31,596)	773,560 (29,091)	400,405	316,722	3,406	38,722	969	2,713	762,937	10,623	357,608
충북	1,079,642 (28,061)	734,385 (26,061)	311,044	365,623	3,205	41,731	949	2,610	725,162	9,223	345,257
충남	1,398,762 (34,036)	922,882 (31,541)	375,110	474,531	4,973	49,579	1,303	4,322	909,818	13,064	475,880
전북	1,427,135 (40,556)	1,064,744 (37,688)	65,334	966,053	2,505	14,904	817	5,187	1,054,800	9,944	362,391
전남	1,521,109 (45,611)	1,161,511 (42,184)	53,074	1,070,506	2,830	12,215	988	6,707	1,146,320	15,191	359,598
경북	2,044,285 (54,674)	1,463,664 (49,800)	1,056,446	311,358	3,332	62,522	1,344	2,936	1,437,938	25,726	580,621
경남	2,249,044 (58,054)	1,628,033 (53,719)	1,083,564	434,642	2,832	79,853	1,224	2,629	1,604,744	23,289	621,011
제주	391,151 (10,797)	268,227 (9,886)	105,744	148,423	744	8,619	288	981	264,799	3,428	122,924

인천의 경우 동구, 연수구, 강화군에서만 이회창 후보가 앞서 있고 그외 다른 선거구에서는 노무현 후보가 앞서고 있다. 인천에서 나타난 후보자별 득표상황은 다음과 같다.

<표> 후보자별 득표 상황 종합

투표구명	선거인수	투표자수	유효투표수							무효투표수	기권수
			후보자별 득표수						계		
			한나라당	민주당	하나로연합	민주노동당	사회당	호국당			
			이회창	노무현	이한동	권영길	김영규	김길수			
중구	58,935 (1,131)	38,745 (1,077)	19,378	17,064	127	1,685	54	73	38,381	364	20,190
동구	56,412 (1,203)	38,745 (1,159)	18,300	17,552	166	2,191	64	87	38,360	385	17,667
남구	322,437 (7,171)	213,623 (6,813)	100,004	100,624	687	10,114	323	364	212,116	1,507	108,814
연수구	175,093 (3,869)	123,138 (3,641)	60,781	54,792	277	6,336	139	126	122,451	687	51,955

남동구	285,992 (6,503)	193,509 (6,190)	82,816	98,802	520	9,512	261	293	192,204	1,305	92,483
부평구	395,723 (8,879)	269,146 (8,445)	113,642	138,947	689	13,418	330	421	267,447	1,699	126,577
계양구	228,023 (4,606)	155,807 (4,358)	63,010	83,602	364	7,617	175	204	154,972	835	72,216
서구	239,249 (5,148)	158,679 (4,864)	64,827	82,918	477	8,934	195	247	157,598	1,081	80,570
강화군	51,816 (1,364)	36,891 (1,299)	19,818	14,475	254	1,586	62	127	36,322	569	14,925
옹진군	11,225 (188)	8,164 (178)	4,629	2,990	39	262	9	36	7,965	199	3,061

Ⅳ. 국회의원 선거

2004년 4월 15일에 실시된 제17대 국회의원 선거에서는 총 유권자 수 35,596,497명 중 21,581,550명이 참가하였다. 전국 투표율은 60.6%(부재자 투표 포함)였다. 15대 총선 투표율 63.9%, 16대 총선 투표율 57.2%, 15대 대통령 선거 투표율 80.7%, 16대 대선 투표율 70.2%로 계속 하락하는 추세를 보였지만, 이번에는 60.6%로 반등추세를 보였다. 선거율이 올라간 것은 3월 12일 노무현 대통령 탄핵 가결의 여파가 아니냐는 분석이 가장 높다. 한 가지 특이한 것은 영・호남지역의 투표율이 경기, 충청지역보다 높게 나타났다는 것이다. 즉 지역감정의 중심인 영・호남지역이 그외 지역보다 투표율이 높다는 점을 주목해야 하고, 호남지역과 충청지역은 지난 제16대 총선보다 투표율이 하락했다는 것도 주목해야 할 사안이다. 전국의 시도별 투표율을 최근에 치러진 다른 선거와 비교해 보면 다음 표와 같다.

의석수 총 299석(지역구 : 243석, 비례대표 : 56석)을 놓고 치러진 이번 국회의원 선거에서 개표결과 열린우리당이 152석(지역구: 129, 비례대표: 23)을 차지하였다. 한나라당은 121석(지역구 100, 비례대표 21), 민주노동당이 10석(지역구: 1, 비례대표: 8), 새천년민주당은 9석(지역구: 5, 비례대표: 4), 자유민주연합은 4석, 무소속 2석, 국민통합21 1석으로 나타났다.

특히 이번 선거결과는 열린우리당이 16년 만에 과반수 여당을 만들어냈으며, 한나라당이 2당으로 추락했음을 보여주고 있다. 그리고 진보정당인 민주노동당이 헌정사상 처음으로 원내진출을 함과 동시에 민주당과 자민련을 제치고 10석을 확보, 3당이 되었다. 그리고 정통야당이었던 민주당이 9석이라는 추락과 동시에 지역구 5석은 모두 전남에서 나왔으며, 전라도 외에는 지지도가 극히 낮았다. 자민련은 충남에서 4석을 확보함과 동시에 비례대표에서 1석도 차지하지 못하게 되었고, 김종필 총재는 10선에 실패해 새로운 기록을 만들어내지 못했다. 그리고 현대의 아성인 울산에서 국민통합의 정몽준이 2위와의 압도적인 표 차이로 다시 당선되었다.

<표> 투표율 추이

<단위%>

시도명	제15대 대통령 선거 1997.12.18	제2회 전국동시지방 선거 1998. 6. 4	제16대 국회의원총 선거 2000. 4.13	제3회 전국동시지방 선거 2002. 6.13	제16대 대통령 선거 2002.12.19
	80.7	52.7	57.2	48.8	70.8
서울	80.5	46.9	54.3	45.7	71.4
부산	78.9	46.7	55.4	41.8	71.2
대구	78.9	46.8	53.5	41.5	71.1
인천	80.0	43.2	53.4	39.4	67.8
광주	89.9	45.1	54.0	42.4	78.1
대전	78.6	44.5	53.3	42.3	67.6
울산	81.1	57.6	59.1	52.3	70.0

경기	80.6	50.0	54.9	44.6	69.6
강원	78.5	64.3	62.9	59.0	68.4
충북	79.3	61.0	60.8	55.8	68.0
충남	77.0	59.5	60.1	56.1	66.0
전북	85.5	57.8	60.6	54.7	74.6
전남	87.3	68.2	66.8	65.6	76.4
경북	79.2	64.9	64.6	60.4	71.6
경남	80.3	61.1	60.6	56.2	72.4
제주	77.1	73.7	67.2	68.9	68.6

인천의 경우 연수구(황우여), 남동구갑(이윤성), 서구 강화군을(이경재)를 제외하고 전선거구에서 열린우리당이 승리하였다. 인천에서 후보자별 득표현황은 다음 표와 같다.

<표> 인천에서 17대 국회의원 선거 후보자별 득표율

선거구명 (구시군명)	선거 인수	투표수	후보자별 득표수(득표율)							무효 투표수	기권수
중구 동구 옹진군			한나라당 서상섭	민주당 원미정	우리당 한광원	자민련 이수일	노동당 문성진	무소속 이세영	계		
	141,411	82,499	25,873 (31.8)	5,327 (6.5)	29,005 (35.6)	822 (1.0)	7,021 (8.6)	13,435 (16.5)	81,483	1,016	58,912
남구갑			한나라당 홍일표	민주당 정호선	우리당 유필우	자민련 오홍범	노동당 장광수	무소속 민봉기	계		
	162,243	87,861	31,595 (36.3)	4,636 (5.3)	38,308 (44.0)	1,099 (1.3)	7,235 (8.3)	4,186 (4.8)	87,059	802	74,382
남구을			한나라당 윤상현	우리당 안영근	자민련 김기선	무소속 민만기	무소속 하근수		계		
	165,668	93,140	41,991 (45.8)	42,415 (46.3)	2,155 (2.4)	2,717 (3.0)	2,416 (2.6)		91,694	1,446	72,528
연수구			한나라당 황우여	우리당 고남석	자민련 이경자	노동당 김성진	무소속 최용식		계		
	175,945	107,269	50,156 (47.1)	44,701 (42.0)	1,361 (1.3)	8,194 (7.7)	1,966 (1.8)		106,378	891	68,676
남동구 갑			한나라당 이윤성	우리당 이강일	사민당 신맹순	노동당 신창현			계		
	139,232	79,192	35,855 (45.8)	33,933 (43.3)	1,865 (2.4)	6,669 (8.5)			78,322	870	60,040

남동구 을			한나라당 이원복	민주당 권태오	우리당 이호웅	노동당 배진교			계		
	141,217	82,292	32,918 (40.4)	3,150 (3.9)	37,886 (46.5)	7,594 (9.3)			81,548	744	58,925
부평구 갑			한나라당 조진형	민주당 이수영	우리당 문병호	사민당 김 곤	노동당 한상욱		계		
	212,986	120,321	47,227 (39.6)	7,568 (6.3)	48,617 (40.8)	493 (0.4)	15,289 (12.8)		119,194	1,127	92,665
부평구 을			한나라당 강영택	민주당 조만진	우리당 최용규	사민당 석금석	노동당 이용규		계		
	185,347	111,052	35,668 (32.4)	7,416 (6.7)	53,823 (48.8)	519 (0.5)	12,779 (11.6)		110,205	847	74,295
계양구 갑			한나라당 김해수	민주당 박상희	우리당 신학용	자민련 김유동	사민당 류태선		계		
	122,035	70,500	23,318 (33.4)	8,051 (11.5)	35,693 (51.1)	1,736 (2.5)	1,032 (1.5)		69,830	670	51,535
계양구 을			한나라당 이상권	민주당 정창교	우리당 송영길				계		
	109,102	62,379	23,069 (37.4)	3,934 (6.4)	34,706 (56.2)				61,709	670	46,723
서구 · 강화군 갑			한나라당 송병억	민주당 조한천	우리당 김교흥	사민당 정종섭	노동당 김창한		계		
	200,170	108,541	35,554 (33.1)	12,360 (11.5)	48,636 (45.2)	830 (0.8)	10,130 (9.4)		107,510	1,031	91,629
서구 · 강화군 을			한나라당 이경재	민주당 김철하	우리당 신동근	노동당 최미란	무소속 강필희		계		
	91,690	55,954	26,253 (47.5)	2,284 (4.1)	21,563 (39.0)	3,167 (5.7)	2,037 (3.7)		55,304	650	35,736

부록

인천의 정치인

1. 미군정기 인천 정치인

1945. 8. 15일 제2차 세계대전의 종결은 우리에게 해방을 가져다 주었다. 1910년부터 계속되던 일본 제국주의의 한(韓)민족에 대한 억압과 착취의 질곡으로부터의 해방이었다. 그러나 해방은 우리 민족에게 또 하나의 문제를 안겨주었다.

그 첫째는 국토의 분단이었다. 국토는 38도선을 중심으로 2분화된 것이다. 총 면적 22만㎢ 중 북쪽은 12만㎢ 정도, 남쪽은 10만㎢로 분단된 것이다.

둘째는 민족의 분열이다. 같은 혈통, 같은 문화, 같은 지역과 같은 운명 속에 살아온 민족을 나누고, 심지어는 한 가족까지도 나누어지는 결과를 가져왔다.

셋째는 이념적 분파를 가져왔다. 북에는 마르크스-레닌의 소비에트 공산주의가 이식되었고, 남에는 미국형 자본주의적 자유민주주의가 이식되었다.

넷째는 결국 1민족 1국가 1체제에서 2국가 2체제가 되었다.

다섯째는 결과적으로 역사와 문화전통을 자랑하던 인간 존중의 문화민족이 남북 간의 3년간 유혈전쟁을 치렀으며, 아직도 완전한 종전을 못하고 있다.

이같은 상황과 정황은 같은 민족 간의 대립적 구도를 낳았고, 정치적으로 국제사회에서 분단국가가 되었으며, 경제적 불균형을 가져와 자립경제를 훼손하면서 군사적으로 대립하는 등 민족 모두에 고통을 안겨주었다.

이상에서 열거된 일련의 사항들은 분명 우리와 관련된 주변 강대 국들의 정략 때문인 것은 분명하다. 그러나 그럼에도 불구하고 이같은 사안들을 전적으로 외재적 요인에만 돌리기에는 우리의 내재적 요인이 결코 덜하지 않다.

대한민국에서 현대적 정당활동이 법령에 의하여 시작된 것은 미군정기(1945-1948)의 미군정법령 제55호-1946, 11, 23의 '정당에 관한 규칙'에[1] 근거한다. 이때는 국가의 정체성이나 지향하는 이념이 뚜렷하지 않았다. 국가도 지방정부도 없는 시대여서 오로지 미군정에 의하여 사실상의 신탁통치가 이루어지는 상태였고, 모든 정치행위와 일반 민(民)의 활동은 미군정령에 의하여 이루지고 있었다. 38도선으로 분단된 북쪽은 소군정이 진행되고 있었다. 남한에서는 저마다 자기 주장을 앞세워 정당 사회단체를 만들었고, 상호 간의 갈등과 투쟁은 해방정국을 혼란의 도가니로 몰아넣었다.

인천지방도 이같은 전국적 한국 정황과 큰 차이가 없었다. 인천의 해방 초기 정국은 좌파적 세력이 앞서가는 형국이었다. 이승엽은 박헌영과 일제 하에서 동류하였고, 해방 후에는 공산당 중앙당조직에 참가하였다. 인천에서는 박남칠, 김용규, 이빈운, 조봉암 등이 있었다. 조봉암은 건국준비위원회(1945, 8, 18)를 결성하였다. 이때 주역은 조봉암, 권충일, 김용규, 박남칠, 이빈운, 김형원, 윤석준, 이상운, 문두호, 한기동 등이었다. 또 인천 건국준비위원회는 보안대를 조직하고 대장에 이임옥, 고문은 유창호였다. 이에 반하여 이들과 달리 우파적 입장의 별도 학생 치안대가 조직되었다. 대장은 김영배, 부대장

1. 대한민국 정당의 연혁을 중앙선권관리위원회에서 제시한 것임. : 1962. 12. 31일, 법률 제1246호 이후 1969, 1972, 1975, 1980, 1988, 1989, 1993, 1997, 2000년 등으로 나와 있다.

은 김은하와 박중근이 맡았다. 이때 인천의 좌파세력은 항만노동자, 공업노동자, 식량배급조합원, 분유조합원들에게까지 세력을 확대하고 있었다. 1945. 10. 16일 인민위원회를 조직하였다. 위원장 김용규, 부위원장 박남칠, 총무 이빈운, 재정 문두호, 산업 윤석준, 보안 감형원 등으로 구성되었다.

이와 같이 좌파세력이 조직을 확대할 때 우파 민족진영은 관망하는 형세였다. 그 후 서울에서 송진우 중심의 한국민주당 결성을 계기로 10월 1일 언론인(동아일보)이 중심이 되어 체육인, 사업가, 행정관리 등으로 한국민주당 인천지부가 결성되었다. 이 인천지부의 위원장은 곽상훈, 부위원장 양제박, 사무국장 이범진, 총무 하상훈, 감찰위원장 서병훈, 감찰부위원장 전두영, 부장급으로 이열헌, 정태익, 장인수, 홍의선, 류창호, 조종식, 이중찬, 정용복 등이었다.

또 같은 시기 인천에 독자적인 국민회가 민족진영에 의하여 조직되었다. 이 회의 간부로는 김영섭, 김경내, 최진하, 정해궁, 김하순, 하연숙, 박용돈, 정욱현, 원경희 등이었다. 이와 같이 인천의 해방정국 초기는 저마다의 정치세력이 이합집산을 거듭하면서 인천의 정치인으로 등장하여 정치세력을 형성하였다.[2] 대한민국 정부수립 후 6선의 국회부의장 김은하(金殷夏), 국회의장 곽상훈(郭尙勳), 초대 농림부장관 조봉암(曺奉岩)은 인천이 낳은 인물이다.

2. 『인천광역시사』 2002, 3, 정치편, 해방정국기 : 윤국노, "건국과정에서의 사회체제 소고", 『논문집』, 제3집, 1982, p. 116 : 김운태 외 『한국정치론』, 박영사, 1982, p. 367.

2. 민주시대 인천 정치인

이 시민시대의 정치인은 1945년 8월 15일 일본 제국주의로부터 해방된 후 미군정기 3년을 거쳐 1948년 8월 15일 정식으로 대한민국 정부가 시작된 민주시민시대의 인천지역 중심의 정치인을 의미한다. 다만 첨언하고자 하는 것은 이 부분의 정치인은 인천의 모든 정치인이 아니라 공직선거에 의하여 선출된 시장, 구청장, 군수, 시의원, 구의원, 그리고 인천지역에 해당되는 국회의원을 인천의 정치인으로 가름하였음을 밝힌다.

1) 역대시장 명단

① 일반시

구분	성 명	재임기간	인 구	행정구역
1대	임홍재(任鴻宰)	45. 9 ~ 47. 1	261,160	
2대	표양문(表良文)	47. 2 ~ 50. 4	265,767	
3대	지중세(池中世)	50. 5 ~ 51. 9	262,508	
4대	박학전(朴鶴田)	51.10 ~ 52. 5	265,751	
5대	표양문(表良文)	52. 5 ~ 54. 2	563,622	
6대	김정렬(金正烈)	54. 2 ~ 58. 1	300,553	
7대	김정렬(金正烈)	58. 2 ~ 60. 6	361,167	
8대	오원근(吳遠根)	60. 7 ~ 60.11	402,009	
9대	김진두(金鎭斗)	60.12 ~ 61. 5	397,255	
10대	유승원(柳承源)	61. 5 ~ 63. 2	445,378	9출장소, 59동(116.36㎢)

11대	장수영(張壽永)	63. 6 ~ 65. 1	465,158	9출장소, 59동(116.36㎢)
12대	윤갑로(尹甲老)	65. 2 ~ 66. 7	485,511	9출장소, 59동(116.36㎢)
13대	신충선(申忠善)	66. 7 ~ 66. 9	528,579	9출장소, 59동(116.36㎢)
14대	김해두(金解斗)	66. 9 ~ 69. 5	577,939	4구, 2출장소, 66동(116.36㎢)

구분	성명	재임기간	인구	행정구역	시정방침
15대	유병택 (兪炳澤)	69. 5~ 71. 7	671,053	4구, 2출장소, 75동 (116.36㎢)	1. 능률행정 2. 책임행정 3. 봉사행정
16대	홍승순 (洪承洵)	71. 8~ 73. 7	714,246	4구, 2출장소, 75동 (197.90㎢)	1. 새마을운동의 지속화 2. 책임있는 마무리 3. 성격있는 지역개발
17대	정규남 (鄭奎南)	73. 7~ 75. 11	799,982	4구, 2출장소, 75동 (198.32㎢)	– 생산과 생활이 조화된 도시 1. 신뢰받는 행정 2. 실익있는 행정 3. 앞서가는 행정
18대	김재연 (金在淵)	75. 11~ 76. 7	830,061	4구, 2출장소, 75동 (199.90㎢)	– 새롭게, 푸르게, 깨끗하게 1. 품격있는 도시건설 2. 시민생활의 소득화 3. 행정자세의 생활화
19대	김태호 (金泰鎬)	76. 7~ 78. 2	936,497	4구, 2출장소, 75동 (200.17㎢)	– 알찬건설, 밝은시정 1. 새마을로 시민총화 2. 질서있는 도시건설 3. 신뢰받는 책임행정
20대	원병의 (元秉義)	78. 2~ 80. 5	1,083,906	4구, 2출장소, 79동 (201.13㎢)	– 알찬건설, 밝은시정 1. 새마을로 시민총화 2. 질서있는 도시건설 3. 봉사하는 위민행정
21대	전영춘 (田英春)	80. 5~ 81. 6	1,141,705	4구, 2출장소, 79동 (201.13㎢)	– 활기차고 건강한 인천 건설 1. 화합하는 행정 2. 활찬 도시건설 3. 성실한 봉사행정

② 직할시

구분	성 명	재임기간	인 구	행정구역	시정방침
1대	김찬회 (金瓚會)	'81. 7. 1 ~ '85. 2. 27	1,295,107	4구, 2출장소, 87동 (206.6㎢)	- 활기찬 시민, 약진 새인천 1. 신뢰받는 시정 2. 도시환경 정비 3. 시민생활 안정
2대	안찬희 (安瓚熙)	'85. 2. 28 ~ '86. 1. 8	1,387,491	4구, 2출장소, 93동 (206.95㎢)	- 깨끗한 항도 인천건설 1. 시민참여의 행정 2. 생활환경의 정비 3. 복지수준의 향상 4. 지역안보의 강화
3대	박배근 (朴培根)	'86. 1. 9 ~ '87. 5. 29	1,441,131	4구, 2출장소, 94동 (208.32㎢)	- 푸른 도시 활기찬 새인천 1. 화합안정의 정착 2. 시민복지의 증진 3. 봉사행정의 실천 4. 도시기반의 확충
4대	이재창 (李在昌)	'87. 5. 30 ~ '89. 7. 20	1,643,984	6구, 98동 (310.83㎢)	- 푸른 도시 활기찬 새인천 1. 신뢰시정의 구현 2. 시민복지의 향상 3. 도시개발의 촉진 4. 지역안정의 정착
5대	심재홍 (沈載鴻)	'89. 7. 21 ~ '92. 4. 20	1,754,376	6구, 103동 (313.41㎢)	- 화합 · 안정 · 약진 1. 신뢰받는 시민시정 2. 균형있는 복지행정 3. 활기찬 도시건설 4. 수준높은 문화창달 5. 화합으로 지역안정
6대	박종우 (朴宗雨)	'92. 4. 21 ~ '93. 3. 3	1,964,024	6구, 111동 (335.4㎢)	1. 사랑으로 친절 봉사 2. 믿음 속에 화합안정 3. 정성 다해 도시건설 4. 슬기 모아 경제발전
7대	최기선 (崔箕善)	'93. 3. 4 ~ '94. 9. 23	2,070,616	6구, 118동 (335.4㎢)	- 봉사는 크게, 규제는 작게 1. 의식 · 제도 · 관행의 일대 쇄신 2. 가계와 기업의 성장활력 회복

③ 광역시

구분	성명	재임기간	인구	행정구역	시 정 방 침
8대	이영래 (李永來)	'94. 9. 24 ~ '95. 6. 30	2,208,269	6구, 123동 (339.6㎢)	

④ 광역시 민선시장

구분	성명	재임기간	인구	행정구역	시정방침
1대	최기선 (崔箕善)	'95. 7. 1 ~ '98. 6.30	2,460,906	8구, 2군, 148 읍 · 면 · 동 (955.00㎢)	1. 쾌적하고 정감있는 도시로 힘찬 발전 2. 지역경제 활성화 3. 차질 없는 도시교통대책 수행 4. 믿음과 희망을 주는 시정 구현 5. 시민의 생명과 재산보호 6. 세계화를 향한 힘찬 발진
2대	최기선 (崔箕善)	'98. 7. 1 ~ 2002. 6.30	2,509,086	8구, 2군, 137 읍 · 면 · 동 (958.00㎢)	1. 지역경제의 활력 살리기 2. 시민「삶의 질」높이기 3. 안전한 도시 만들기 4. 투명한 시정 펼치기
3대	안상수 (安相洙)	2002. 7. 1 ~ 현재	2,594,109	8구, 2군, 137 읍 · 면 · 동 (964.53㎢)	1. 복지도시 실현 2. 문화도시 창조 3. 환경도시 지향 4. 지식도시 구현 5. 국제도시 건설

2) 기초자치단체장(구청장 · 군수)

① 제1회 1995년 6 · 27 기초자치단체장 선거에서 당선자현황

선거구명	정당명	성명(한자)	성별	나이
중구	국민회의	이세영(李世英)	남	52
동구	국민회의	김창수(金昌秀)	남	55
남구	국민회의	정명환(鄭明煥)	남	51
연수구	국민회의	신원철(申元澈)	남	56
남동구	자민련	이헌복(李憲馥)	남	55
부평구	국민회의	박수묵(朴秀默)	남	57
계양구	국민회의	이익진(李翼振)	남	57
서구	국민회의	박현양(朴賢陽)	남	58
강화군	국민회의	김선흥(金善興)	남	62
옹진군	국민회의	조건호(趙健鎬)	남	62

① 제2회 전국동시지방 선거(1998.06.04) 기초단체장

선거구명	정당명	성명(한자)	성별	나이
중구	국민회의	이세영(李世英)	남	52
동구	국민회의	김창수(金昌秀)	남	55
남구	국민회의	정명환(鄭明煥)	남	51
연수구	국민회의	신원철(申元澈)	남	56
남동구	자민련	이헌복(李憲馥)	남	55
부평구	국민회의	박수묵(朴秀默)	남	57
계양구	국민회의	이익진(李翼振)	남	57
서구	국민회의	박현양(朴賢陽)	남	58
강화군	국민회의	김선흥(金善興)	남	62
옹진군	국민회의	조건호(趙健鎬)	남	62

② 제3회 전국동시지방 선거(2002.06.13) 기초단체장

선거구명	정당명	성명(한자)	성별	나이
중구(인천)	민주당	김홍섭(金洪燮)	남	52
동구(인천)	한나라당	이화용(李和容)	남	51
남구(인천)	한나라당	박우섭(朴祐燮)	남	46
연수구	한나라당	정구운(鄭求運)	남	58
남동구	한나라당	윤태진(尹泰進)	남	54
부평구	한나라당	박윤배(朴允培)	남	50
계양구	한나라당	박희룡(朴喜龍)	남	60
서구(인천)	한나라당	이학재(李鶴宰)	남	37
강화군	한나라당	유병호(兪炳晧)	남	61
옹진군	민주당	조건호(趙健鎬)	남	66

3) 기초의원

① 제1회 전국동시지방 선거(1995.06.27) 중구 기초의원

선거구명	정당명	성명(한자)	성별	나이
중앙동	무소속	김영혁(金榮赫)	남	59
연안동	무소속	임인덕(林仁德)	남	55
신포동	무소속	신갑수(申甲洙)	남	56
신흥동	무소속	정연옥(鄭然玉)	남	64
신선동	무소속	구경서(具京書)	남	56
도원동	무소속	최무웅(崔茂雄)	남	54
율목동	무소속	박기복(朴基福)	남	59
내경동	무소속	함원봉(咸元鳳)	남	52
인현동	무소속	전영태(田泳泰)	남	57
북성동	무소속	김재규(金在奎)	남	65
송월동	무소속	유락호(柳樂鎬)	남	57
영종동	무소속	조영환(趙榮煥)	남	59
용유동	무소속	나종원(羅鐘元)	남	61

② 제1회 전국동시지방 선거(1995.06.27) 동구 기초의원

선거구명	정당명	성명(한자)	성별	나이
만석동	무소속	송일웅(宋一雄)	남	49
화수1동	무소속	이규영(李揆榮)	남	61
화수2동	무소속	이흥수(李興洙)	남	34
화평동	무소속	채영락(蔡永洛)	남	47
송현1동	무소속	김정섭(金正燮)	남	56
송현2동	무소속	남일우(南一佑)	남	60
송현3동	무소속	박영택(朴泳澤)	남	54
송림1동	무소속	이한만(李漢萬)	남	47
송림2동	무소속	오성근(吳聖根)	남	57
송림3동	무소속	한기천(韓基天)	남	51
송림4동	무소속	정병희(鄭秉熙)	남	56
송림5동	무소속	정종섭(鄭鍾燮)	남	42
송림6동	무소속	이성구(李聖九)	남	56
금창동	무소속	김영운(金永雲)	남	46

③ 제1회 전국동시지방 선거(1995.06.27) 남구 기초의원

선거구명	정당명	성명(한자)	성별	나이
숭의1동	무소속	정희문(鄭熙文)	남	56
숭의2동	무소속	김종손(金宗孫)	남	56
숭의3동	무소속	신병희(申秉)	남	53
숭의4동	무소속	길건웅(吉健雄)	남	54
용현1동	무소속	안건수(安建洙)	남	56
용현2동	무소속	도경재(都慶在)	남	57
용현3동	무소속	이계학(李啓鶴)	남	56
용현4동	무소속	한철(韓哲)	남	71
용현5동	무소속	강무원(姜武源)	남	50
용현5동	무소속	김현영(金顯榮)	남	33
학익1동	무소속	박래삼(朴來三)	남	49

학익2동	무소속	최승렬(崔承烈)	남	66
학익2동	무소속	이은동(李銀東)	남	42
도화1동	무소속	정대용(鄭大溶)	남	57
도화1동	무소속	장상오(張相午)	남	64
도화2동	무소속	박창규(朴昌圭)	남	48
도화2동	무소속	서은우(徐垠雨)	남	44
도화3동	무소속	정병관(鄭昺官)	남	45
주안1동	무소속	김수삼(金秀三)	남	57
주안2동	무소속	류근묵(柳根默)	남	62
주안2동	무소속	성기경(成起慶)	남	63
주안3동	무소속	김동화(金東華)	남	41
주안4동	무소속	임승희(林承熙)	남	52
주안4동	무소속	이돈휘(李敦揮)	남	52
주안5동	무소속	송병우(宋炳祐)	남	52
주안5동	무소속	김상백(金相白)	남	34
주안6동	무소속	김태웅(金泰雄)	남	52
주안7동	무소속	이영재(李永宰)	남	61
주안7동	무소속	박옥균(朴玉均)	남	57
주안8동	무소속	류재호(柳在鎬)	남	49
주안8동	무소속	조옥형(趙玉衡)	남	53
문학동	무소속	김을태(金乙泰)	남	47
문학동	무소속	김계남(金啓南)	남	62

④ 제1회 전국동시지방 선거(1995.06.27) 연수구 기초의원

선거구명	정당명	성명(한자)	성별	나이
옥련동	무소속	김태호(金泰虎)	남	53
옥련동	무소속	이희락(李羲洛)	남	35
선학동	무소속	최병석(崔秉錫)	남	47
연수1동	무소속	정환용(鄭晥溶)	남	62
연수1동	무소속	윤진영(尹振榮)	남	34
연수2동	무소속	김재경(金在景)	남	50
연수2동	무소속	허학우(許鶴友)	남	53

연수3동	무소속	안병길(安秉吉)	남	50
청학동	무소속	최윤석(崔尹錫)	남	42
청학동	무소속	박윤석(朴胤錫)	남	37
동춘1동	무소속	박남수(朴南洙)	남	32
동춘2동	무소속	박민호(朴珉鎬)	남	35
동춘2동	무소속	이순광(李淳洸)	남	44
동춘2동	무소속	정태민(鄭泰旻)	남	41

⑤ 제1회 전국동시지방 선거(1995.06.27) 남동구 기초의원

선거구명	정당명	성명(한자)	성별	나이
구월1동	무소속	이병돌(李丙乭)	남	49
구월1동	무소속	서원석(徐元錫)	남	52
구월2동	무소속	원오식(元五植)	남	43
구월2동	무소속	이완수(李完洙)	남	47
구월3동	무소속	김영호(金泳昊)	남	43
구월4동	무소속	서정수(徐廷洙)	남	41
구월4동	무소속	김춘식(金春植)	남	58
간석1동	무소속	하상춘(河相春)	남	51
간석1동	무소속	김대진(金大珍)	남	33
간석2동	무소속	김성근(金成根)	남	41
간석3동	무소속	이기윤(李基允)	남	45
간석3동	무소속	김장식(金杖植)	남	58
간석4동	무소속	이기용(李基龍)	남	52
간석4동	무소속	박인균(朴仁均)	남	48
만수1동	무소속	김두식(金斗植)	남	49
만수1동	무소속	김경학(金景學)	남	37
만수2동	무소속	최영만(崔英萬)	남	41
만수2동	무소속	이동용(李東容)	남	55
만수3동	무소속	김명복(金明福)	남	54
만수4동	무소속	김운봉(金雲鳳)	남	38
만수4동	무소속	이귀영(李貴永)	남	54
만수5동	무소속	김완성(金完成)	남	54
만수5동	무소속	이헌복(李憲馥)	남	52

만수6동	무소속	신현필(申鉉弼)	남	39
만수6동	무소속	김문종(金汶種)	남	34
장수동	무소속	윤창렬(尹昌烈)	남	49
서창동	무소속	최경복(崔景福)	남	55
도림동	무소속	윤삼덕(尹三德)	남	54
논현동	무소속	천종만(千鐘萬)	남	46
고잔동	무소속	조재구(趙在九)	남	36
남촌동	무소속	천정숙(千貞淑)	여	47

⑥ 제1회 전국동시지방 선거(1995.06.27) 부평구 기초의원

선거구명	정당명	성명(한자)	성별	나이
부평1동	무소속	홍성언(洪性彦)	남	39
부평1동	무소속	강태기(姜泰琪)	남	43
부평2동	무소속	이복란(李福蘭)	남	57
부평2동	무소속	장헌식(張憲植)	남	42
부평3동	무소속	황충식(黃充式)	남	52
부평4동	무소속	유재홍(柳在鴻)	남	44
부평4동	무소속	엄융진(嚴隆眞)	남	44
부평5동	무소속	이언기(李彦基)	남	52
부평5동	무소속	두충근(杜忠根)	남	34
부평6동	무소속	김재용(金在龍)	남	49
산곡1동	무소속	서상대(徐相大)	남	61
산곡1동	무소속	장석리(張錫利)	남	58
산곡2동	무소속	최용남(崔容南)	남	45
산곡2동	무소속	우준영(禹俊英)	남	43
산곡3동	무소속	김학태(金學泰)	남	47
산곡3동	무소속	이종철(李鍾喆)	남	43
산곡4동	무소속	배영선(裵英先)	여	48
산곡4동	무소속	김덕희(金德熙)	남	33
청천1동	무소속	임성호(林成浩)	남	55
청천1동	무소속	류수용(柳洙龍)	남	44
청천2동	무소속	오용세(吳龍世)	남	45
청천2동	무소속	신현기(申鉉沂)	남	49

갈산1동	무소속	박남수(朴男洙)	남	50
갈산2동	무소속	김갑준(金甲俊)	남	57
갈산2동	무소속	정상규(鄭尙圭)	남	34
삼산동	무소속	이기욱(李起旭)	남	43
삼산동	무소속	최천만(崔天晩)	남	41
부개1동	무소속	이범성(李範成)	남	52
부개1동	무소속	안원학(安元鶴)	남	39
부개2동	무소속	최용희(崔龍熙)	남	52
부개2동	무소속	임헌일(林憲一)	남	35
부개3동	무소속	이춘우(李春雨)	남	46
일신동	무소속	권상철(權詳喆)	남	50
십정1동	무소속	한병렬(韓炳烈)	남	58
십정1동	무소속	이찬구(李澯九)	남	50
십정2동	무소속	이보근(李輔根)	남	53
십정2동	무소속	고진섭(高振燮)	남	38

⑦ 제1회 전국동시지방 선거(1995.06.27) 계양구 기초의원

선거구명	정당명	성명(한자)	성별	나이
효성1동	무소속	이강억(李康億)	남	41
효성1동	무소속	백용현(白龍鉉)	남	37
효성2동	무소속	이상만(李祥萬)	남	54
효성2동	무소속	이갑용(李甲龍)	남	49
계산1동	무소속	권상기(權相基)	남	32
계산1동	무소속	정왕섭(鄭旺燮)	남	47
계산2동	무소속	김진옥(金鎭玉)	남	51
계산2동	무소속	홍성균(洪性均)	남	41
계산3동	무소속	한종덕(韓琮德)	남	35
계산3동	무소속	조병규(趙炳奎)	남	40
작전1동	무소속	이후진(李厚振)	남	40
작전1동	무소속	이건용(李建庸)	남	52
작전2동	무소속	노경남(盧京男)	남	34
작전2동	무소속	이종진(李鍾辰)	남	40

작전3동	무소속	김용익(金容翼)	남	50
서운동	무소속	김인배(金麟培)	남	52
계양1동	무소속	심상혁(沈相赫)	남	56
계양2동	무소속	윤혁상(尹赫相)	남	38
계양2동	무소속	한종원(韓鐘源)	남	47

⑧ 제1회 전국동시지방 선거(1995.06.27) 서구 기초의원

선거구명	정당명	성명(한자)	성별	나이
검암동	무소속	정승섭(鄭承燮)	남	40
경서동	무소속	김대식(金大植)	남	52
연희동	무소속	이종규(李鍾揆)	남	43
가정1동	무소속	조길휘(趙吉彙)	남	50
가정1동	무소속	송호민(宋鎬旻)	남	38
가정2동	무소속	윤만영(尹萬榮)	남	51
가정2동	무소속	송병일(宋炳一)	남	51
가정3동	무소속	유상택(柳商澤)	남	55
신현동	무소속	윤지상(尹智相)	남	41
신현동	무소속	정군섭(鄭君燮)	남	42
석남1동	무소속	박성노(朴成魯)	남	54
석남1동	무소속	조한기(趙漢麒)	남	42
석남2동	무소속	김순태(金淳泰)	남	43
석남2동	무소속	강성구(姜聖求)	남	46
석남3동	무소속	정동석(鄭東錫)	남	62
원창동	무소속	최봉현(崔奉鉉)	남	43
가좌1동	무소속	안정순(安貞淳)	남	38
가좌2동	무소속	박승희(朴勝喜)	남	43
가좌2동	무소속	정갑훈(鄭甲勳)	남	39
가좌3동	무소속	김장환(金章煥)	남	43
가좌3동	무소속	심도진(沈道鎭)	남	40
가좌4동	무소속	권오창(權五唱)	남	36
검단동	무소속	이학재(李鶴宰)	남	30

검단동	무소속	이명재(李明載)	남	43

⑨ 제1회 전국동시지방 선거(1995.06.27) 강화군 기초의원

선거구명	정당명	성명(한자)	성별	나이
강화읍	무소속	김상복(金相馥)	남	55
강화읍	무소속	박극양(朴克陽)	남	58
선원면	무소속	함덕수(咸德守)	남	54
불은면	무소속	구경회(具慶會)	남	46
길상면	무소속	이기홍(李琪弘)	남	58
화도면	무소속	정해왕(丁海汪)	남	59
양도면	무소속	박홍규(朴弘奎)	남	48
내가면	무소속	조준호(趙俊浩)	남	50
하점면	무소속	심홍택(沈弘澤)	남	58
양사면	무소속	윤명길(尹命吉)	남	44
송해면	무소속	이환구(李桓九)	남	49
교동면	무소속	한영선(韓永宣)	남	49
삼산면	무소속	배정만(裵貞晩)	남	63
서도면	무소속	전종식(田鐘植)	남	56

⑩ 제1회 전국동시지방 선거(1995.06.27) 옹진군 기초의원

선거구명	정당명	성명(한자)	성별	나이
북도면	무소속	전양훈(全揚勳)	남	68
송림면	무소속	백군식(白君植)	남	57
백령면	무소속	이의명(李義明)	남	45
대청면	무소속	김영철(金永哲)	남	55
덕적면	무소속	김기배(金己培)	남	36
영흥면	무소속	임근배(林謹培)	남	67
자월면	무소속	방귀남(方貴男)	남	42

⑪ 제2회 전국동시지방 선거(1998.06.04) 중구 기초의원

선거구명	정당명	성명(한자)	성별	나이
중앙동, 신포동	무소속	신갑수(申甲洙)	남	59
연안동	무소속	김기성(金基成)	남	57
신흥동, 신선동	무소속	이동문(李東文)	남	52
도원동	무소속	김융조(金隆造)	남	57
율목동	무소속	박기복(朴基福)	남	62
내경동, 인현동	무소속	전영태(田泳泰)	남	60
북성동	무소속	김재규(金在奎)	남	68
송월동	무소속	노경수(盧慶洙)	남	48
영종동	무소속	조영환(趙榮煥)	남	62
용유동	무소속	최익만(崔翼萬)	남	51

⑫ 제2회 전국동시지방 선거(1998.06.04) 동구 기초의원

선거구명	정당명	성명(한자)	성별	나이
만석동	무소속	지순범(池順範)	남	47
화수1동 화평동	무소속	채영락(蔡永洛)	남	50
화수2동	무소속	이흥수(李興洙)	남	37
송현1동 송현2동	무소속	김영환(金永煥)	남	44
송현3동	무소속	조용준(趙鏞俊)	남	67
송림1동	무소속	윤대영(尹大永)	남	45
송림2동	무소속	채규형(蔡奎衡)	남	53
송림3동 송림5동	무소속	정종섭(鄭種燮)	남	45
송림4동	무소속	정병희(鄭秉熙)	남	59
송림6동	무소속	송병림(宋炳林)	남	42
금창동	무소속	김영운(金永雲)	남	49

⑬ 제2회 전국동시지방 선거(1998.06.04) 남구갑 기초의원

선거구명	정당명	성명(한자)	성별	나이
도화1동	무소속	김기환(金基煥)	남	43
도화2동	무소속	박순규(朴順珪)	남	58
도화3동	무소속	정병관(鄭昺官)	남	48
주안1동	무소속	계정수(桂貞洙)	남	48
주안2동	무소속	양춘석(梁春錫)	남	59
주안3동	무소속	백상현(白相鉉)	남	55
주안4동	무소속	임승희(林承熙)	남	55
주안5동	무소속	남동우(南東祐)	남	48
주안6동	무소속	김태웅(金泰雄)	남	55
주안7동	무소속	장승덕(張承德)	남	45
주안8동	무소속	류재호(柳在鎬)	남	52

⑭ 제2회 전국동시지방 선거(1998.06.04) 남구을 기초의원

선거구명	정당명	성명(한자)	성별	나이
숭의1동	무소속	정희문(鄭熙文)	남	59
숭의2동	무소속	배관기(裵寬基)	남	44
숭의3동	무소속	신병희(申秉熙)	남	56
숭의4동	무소속	조봉휘(趙奉彙)	남	54
용현1동	무소속	이관희(李寬熙)	남	56
용현2동	무소속	도경재(都慶在)	남	60
용현3동	무소속	이근순(李根淳)	남	58
용현4동	무소속	배봉옥(裵鳳玉)	남	51
용현5동	무소속	김현영(金顯榮)	남	36
학익1동	무소속	박래삼(朴來三)	남	52
학익2동	무소속	이은동(李銀東)	남	45
관교동	무소속	김을태(金乙泰)	남	50
문학동	무소속	김계남(金啓南)	남	65

⑮ 제2회 전국동시지방 선거(1998.06.04) 연수구 기초의원

선거구명	정당명	성명(한자)	성별	나이
옥련동	무소속	박광익(朴光益)	남	43
선학동	무소속	최병석(崔秉錫)	남	50
연수1동	무소속	최병철(崔炳喆)	남	44
연수2동	무소속	최인순(崔仁順)	여	35
연수3동	무소속	안병길(安秉吉)	남	53
청학동	무소속	박윤석(朴胤錫)	남	40
동춘1동	무소속	정구모(鄭求模)	남	45
동춘2동	무소속	이성옥(李聖玉)	여	31
청량동	무소속	정태민(鄭泰旻)	남	44

⑯ 제2회 전국동시지방 선거(1998.06.04) 남동구갑 기초의원

선거구명	정당명	성명(한자)	성별	나이
구월1동	무소속	서원석(徐元錫)	남	54
구월2동	무소속	주정분(朱貞分)	여	47
구월3동	무소속	김승태(金承泰)	남	36
구월4동	무소속	한운일(韓雲逸)	남	40
간석1동	무소속	김대진(金大珍)	남	36
간석2동	무소속	김성근(金成根)	남	44
간석4동	무소속	김용회(金勇會)	남	49
도림동, 남촌동	무소속	천정숙(千貞淑)	여	50
논현동, 고잔동	무소속	천종만(千鍾萬)	남	49

⑯ 제2회 전국동시지방 선거(1998.06.04) 남동구을 기초의원

선거구명	정당명	성명(한자)	성별	나이
간석3동	무소속	정병천(鄭炳天)	남	55
만수1동	무소속	김규태(金奎泰)	남	41
만수2동	무소속	윤용상(尹容相)	남	50
만수3동	무소속	김영조(金永助)	남	53
만수4동	무소속	이귀영(李貴永)	남	57
만수5동	무소속	김석우(金錫宇)	남	43
만수6동	무소속	신현필(申鉉弼)	남	42
장수동, 서창동	무소속	김완희(金完熙)	남	50

⑰ 제2회 전국동시지방 선거(1998.06.04) 부평구갑 기초의원

선거구명	정당명	성명(한자)	성별	나이
부평1동	무소속	홍성언(洪性彦)	남	42
부평2동	무소속	장헌식(張憲植)	남	45
부평3동	무소속	황충식(黃充式)	남	55
부평4동	무소속	유재홍(柳在鴻)	남	47
부평5동	무소속	두충근(杜忠根)	남	37
부평6동	무소속	김재용(金在龍)	남	52
부개1동	무소속	안원학(安元鶴)	남	42
부개2동	무소속	최용희(崔龍熙)	남	55
부개3동	무소속	김병환(金秉煥)	남	41
일신동	무소속	장정석(張定錫)	남	48
십정1동	무소속	이찬구(李燦九)	남	53
십정2동	무소속	고진섭(高振燮)	남	41

⑱ 제2회 전국동시지방 선거(1998.06.04) 부평구을 기초의원

선거구명	정당명	성명(한자)	성별	나이
산곡1동	무소속	서상대(徐相大)	남	64
산곡2동	무소속	이복관(李福寬)	남	44
산곡3동	무소속	노형진(魯亨鎭)	남	54
산곡4동	무소속	배영선(裵英先)	여	51
청천1동	무소속	류수용(柳洙龍)	남	47
청천2동	무소속	신현기(申鉉沂)	남	52
갈산1동	무소속	박남수(朴男洙)	남	53
갈산2동	무소속	정상규(鄭尙圭)	남	37
삼산동	무소속	이기욱(李起旭)	남	46

⑲ 제2회 전국동시지방 선거(1998.06.04) 계양구 기초의원

선거구명	정당명	성명(한자)	성별	나이
효성1동	무소속	지경주(池京柱)	남	35
효성2동	무소속	박경석(朴景錫)	남	43
계산1동	무소속	김규문(金圭文)	남	43
계산2동	무소속	홍성균(洪性均)	남	44
계산3동, 서운동	무소속	조병규(趙炳奎)	남	43
작전1동	무소속	이후진(李厚振)	남	43
작전2동	무소속	이종진(李鍾辰)	남	43
작전3동	무소속	김용익(金容翼)	남	53
계양1동	무소속	이주삼(李柱三)	남	56
계양2동	무소속	윤혁상(尹赫相)	남	41

⑳ 제2회 전국동시지방 선거(1998.06.04) 서구 기초의원

선거구명	정당명	성명(한자)	성별	나이
검암동, 경서동, 연희동	무소속	송병억(宋炳億)	남	44
가정1동	무소속	김준식(金俊植)	남	50
가정2동	무소속	윤만영(尹萬榮)	남	54
가정3동	무소속	이상기(李相基)	남	41
신현동, 원창동	무소속	이상섭(李霜燮)	남	40
석남1동	무소속	김병철(金炳喆)	남	32
석남2동	무소속	강성구(姜聖求)	남	49
석남3동	무소속	홍인식(洪仁植)	남	36
가좌1동	무소속	강영모(姜榮毛)	남	41
가좌2동	무소속	박승희(朴勝喜)	남	46
가좌3동	무소속	김인두(金仁斗)	남	39
가좌4동	무소속	권오창(權五唱)	남	39
검단동	무소속	심우창(沈愚昌)	남	42

㉑ 제2회 전국동시지방 선거(1998.06.04) 강화군 기초의원

선거구명	정당명	성명(한자)	성별	나이
강화읍	무소속	김남중(金南中)	남	40
선원면	무소속	유광상(劉洸相)	남	53
불은면	무소속	황인남(黃仁男)	남	56
길상면	무소속	김홍중(金洪中)	남	51
화도면	무소속	정해왕(丁海汪)	남	62
양도면	무소속	남궁정재(南宮政在)	남	60
내가면	무소속	고대순(高大淳)	남	51
하점면	무소속	서영배(徐永培)	남	57
양사면	무소속	이재원(李在元)	남	64
송해면	무소속	유동환(柳東桓)	남	61
교동면	무소속	방선기(方善基)	남	48
삼산면	무소속	배정만(裵貞晩)	남	66
서도면	무소속	전종식(田鍾植)	남	59

㉒ 제2회 전국동시지방 선거(1998.06.04) 옹진군 기초의원

선거구명	정당명	성명(한자)	성별	나이
북도면	무소속	김종길(金宗吉)	남	57
송림면	무소속	신승원(申承元)	남	59
백령면	무소속	이의명(李義明)	남	48
대청면	무소속	김영철(金永哲)	남	58
덕적면	무소속	차두회(車斗會)	남	59
자월면	무소속	정선기(鄭善基)	남	58
영흥면	무소속	박명준(朴明俊)	남	37

㉓ 제3회 전국동시지방 선거(2002.06.13) 중구 기초의원

선거구명	정당명	성명(한자)	성별	나이
신포동	무소속	이승언(李勝彦)	남	59
연안동	무소속	김기성(金基成)	남	61
신흥동	무소속	박길정(朴吉晶)	남	57
도원동	무소속	최무웅(崔茂雄)	남	61
율목동	무소속	임관만(林官萬)	남	41
동인천동	무소속	이성출(李聖出)	남	55
북성동 · 송월동	무소속	신병우(申炳雨)	남	48
영종동	무소속	조영환(趙榮煥)	남	66
용유동	무소속	이태호(李泰浩)	남	40

㉔ 제3회 전국동시지방 선거(2002.06.13) 동구 기초의원

선거구명	정당명	성명(한자)	성별	나이
만석동 · 화수1 · 화평동	무소속	채영락(蔡永洛)	남	54
화수2동	무소속	정윤상(鄭允相)	남	41
송현1 · 2 · 3동	무소속	안병옥(安炳玉)	남	60
송림1 · 2동 · 금창동	무소속	이영복(李榮福)	남	44
송림1 · 2동 · 금창동	무소속	윤대영(尹大永)	남	49
송림3 · 5동	무소속	정종섭(鄭鍾燮)	남	49
송림4 · 6동	무소속	심우순(沈禹淳)	남	60

㉕ 제3회 전국동시지방 선거(2002.06.13) 남구 기초의원

선거구명	정당명	성명(한자)	성별	나이
도화1동	무소속	김기환(金基煥)	남	47
도화2동	무소속	김광식(金光植)	남	49
도화3동	무소속	유성준(兪星濬)	남	54
주안1동	무소속	계정수(桂貞洙)	남	52
주안2동	무소속	오흥만(吳興萬)	남	43
주안3동	무소속	백상현(白相鉉)	남	59
주안4동	무소속	박성화(朴性化)	남	50
주안5동	무소속	남동우(南東祐)	남	52
주안6동	무소속	김태웅(金泰雄)	남	59
주안7동	무소속	장승덕(張承德)	남	49
주안8동	무소속	박주일(朴柱一)	남	53
숭의1 · 3동	무소속	박병환(朴炳煥)	남	54
숭의2동	무소속	배관기(裵寬基)	남	48
숭의4동	무소속	조봉휘(趙奉彙)	남	58
용현1동	무소속	이관희(李寬熙)	남	60
용현2동	무소속	최완식(崔完植)	남	52
용현3동	무소속	이근순(李根淳)	남	62
용현4동	무소속	정봉학(鄭奉學)	남	55
용현5동	무소속	김현영(金顯榮)	남	40

학익1동	무소속	박래삼(朴來三)	남	56
학익2동	무소속	이은동(李銀東)	남	49
관교동	무소속	정해민(丁海民)	남	53
문학동	무소속	박광현(朴光鉉)	남	52

㉖ 제3회 전국동시지방 선거(2002.06.13) 연수구 기초의원

선거구명	정당명	성명(한자)	성별	나이
옥련동	무소속	진원용(陳元鎔)	남	58
선학동	무소속	최두환(崔斗煥)	남	33
연수1동	무소속	서석원(徐石元)	남	48
연수2동	무소속	홍인선(洪仁善)	남	47
연수3동	무소속	정지열(鄭址烈)	남	41
청학동	무소속	진의범(陳義範)	남	42
동춘1동	무소속	이재호(李載浩)	남	43
동춘2동	무소속	곽종배(郭鍾培)	남	39
청량동	무소속	정태민(鄭泰旻)	남	48

㉗ 제3회 전국동시지방 선거(2002.06.13) 남동구 기초의원

선거구명	정당명	성명(한자)	성별	나이
구월1동	무소속	서원석(徐元錫)	남	59
구월2동	무소속	주정분(朱貞分)	여	51
구월3동	무소속	김승태(金承泰)	남	40
구월4동	무소속	서정수(徐廷洙)	남	48
간석1동	무소속	강석구(姜錫九)	남	46
간석2동	무소속	박민수(朴敏壽)	남	57
간석3동	무소속	김정학(金廷學)	남	52
간석4동	무소속	장석호(張錫鎬)	남	50
남촌도림동	무소속	고병식(高炳植)	남	47
논현고잔동	무소속	전익수(全益秀)	남	48
만수1동	무소속	김기홍(金基鴻)	남	34
만수2동	무소속	국중일(鞠重日)	남	38

만수3동	무소속	이용길(李鎔吉)	남	36
만수4동	무소속	이귀영(李貴永)	남	61
만수5동	무소속	김석우(金錫宇)	남	47
만수6동	무소속	김상호(金相昊)	남	48
장수서창동	무소속	윤창렬(尹昌烈)	남	56

㉘ 제3회 전국동시지방 선거(2002.06.13) 부평구 기초의원

선거구명	정당명	성명(한자)	성별	나이
부평1동	무소속	안동목(安東穆)	남	42
부평2동	무소속	이익성(李益成)	남	39
부평3동	무소속	황충식(黃充式)	남	59
부평4동	무소속	유재홍(柳在鴻)	남	51
부평5동	무소속	이언기(李彥基)	남	59
부평6동	무소속	김재용(金在龍)	남	56
부개1동	무소속	안원학(安元鶴)	남	46
부개2동	무소속	변옥균(邊玉均)	남	38
부개3동	무소속	이춘우(李春雨)	남	53
일신동	무소속	권상철(權詳喆)	남	57
십정1동	무소속	이찬구(李燦九)	남	57
십정2동	무소속	강신봉(姜信奉)	남	44
산곡1동	무소속	조재국(趙在國)	남	51
산곡2동	무소속	이복관(李福寬)	남	48
산곡3동	무소속	노형진(魯亨鎭)	남	58
산곡4동	무소속	배영선(裵英先)	여	55
청천1동	무소속	류수용(柳洙龍)	남	51
청천2동	무소속	최만용(崔萬龍)	남	52
갈산1동	무소속	이기본(李起本)	남	61
갈산2동	무소속	최화자(崔花子)	여	51
삼산동	무소속	박종혁(朴鍾赫)	남	37

㉙ 제3회 전국동시지방 선거(2002.06.13) 계양구 기초의원

선거구명	정당명	성명(한자)	성별	나이
효성1동	무소속	지경주(池京柱)	남	40
효성2동	무소속	김석현(金錫賢)	남	39
계산1동	무소속	김진웅(金辰雄)	남	58
계산2동	무소속	홍성균(洪性均)	남	48
작전1동	무소속	이후진(李厚振)	남	47
작전2동	무소속	조동수(曺童洙)	남	50
작전서운동	무소속	김용익(金容翼)	남	57
계양1동	무소속	원관석(袁寬錫)	남	50
계양2동	무소속	윤혁상(尹赫相)	남	45
계산3동 제1	무소속	이용휘(李勇徽)	남	41
계산3동 제2	무소속	길학균(吉學均)	남	41

㉚ 제3회 전국동시지방 선거(2002.06.13) 서구 기초의원

선거구명	정당명	성명(한자)	성별	나이
검암경서동·연희동	무소속	민태원(閔泰源)	남	50
가정1동	무소속	이상덕(李相德)	남	38
가정2동	무소속	전명환(全明煥)	남	42
가정3동	무소속	이상기(李相基)	남	45
신현원창동	무소속	윤지상(尹智相)	남	48
석남1동	무소속	김병철(金炳喆)	남	36
석남2동	무소속	오진환(吳珍煥)	남	47
석남3동	무소속	강순양(姜順良)	여	60
가좌1동	무소속	강영모(姜榮毛)	남	45
가좌2동	무소속	박승희(朴勝喜)	남	50
가좌3동	무소속	김인두(金仁斗)	남	43
가좌4동	무소속	김용수(金容洙)	남	43
검단1동	무소속	이명재(李明載)	남	50
검단2동	무소속	문희출(文熙出)	남	45

㉛ 제3회 전국동시지방 선거(2002.06.13) 강화군 기초의원

선거구명	정당명	성명(한자)	성별	나이
강화읍	무소속	김남중(金南中)	남	44
선원면	무소속	이득환(李得煥)	남	55
불은면	무소속	구경회(具慶會)	남	53
길상면	무소속	김홍중(金洪中)	남	55
화도면	무소속	박희경(朴熙卿)	남	48
양도면	무소속	이효순(李曉淳)	남	46
내가면	무소속	윤재상(尹在相)	남	43
하점면	무소속	고규반(高圭班)	남	69
양사면	무소속	이재원(李在元)	남	68
송해면	무소속	김남천(金南天)	남	64
교동면	무소속	방선기(方善基)	남	52
삼산면	무소속	배정만(裵貞晩)	남	70
서도면	무소속	전종식(田鍾植)	남	63

㉜ 제3회 전국동시지방 선거(2002.06.13) 옹진군 기초의원

선거구명	정당명	성명(한자)	성별	나이
북도면	무소속	차갑식(車甲植)	남	59
연평면	무소속	신승원(申承元)	남	63
백령면	무소속	장세건(張世健)	남	50
대청면	무소속	주황철(周黃哲)	남	53
덕적면	무소속	차두회(車斗會)	남	63
자월면	무소속	방귀남(方貴男)	남	49
영흥면	무소속	김철호(金哲鎬)	남	52

4) 인천광역시 의회 광역의원

대수	의원명	정당	상임위원회	지역구
직할시 제1대	강승훈	신민당	운영위원회	동구 제3선거구
직할시 제1대	권중광	민주자유당		서구 제2선거구
직할시 제1대	김성정	신민당		북구 제7선거구
직할시 제1대	김순배	민주자유당	내무위원회	중구 제2선거구
직할시 제1대	김청일	민주자유당		남구 제2선거구
직할시 제1대	김춘식	민주자유당	건설위원회	남구 제4선거구
직할시 제1대	박장원	민주자유당	산업건설위원회(1기) 산업위원회(2기)	서구 제1선거구
직할시 제1대	박태화	민주자유당	내무위원회(1기)	남동구 제3선거구
직할시 제1대	박형칠	민주자유당	부의장(2기)	동구 제1선거구
직할시 제1대	박홍식	민주자유당	건설위원회	동구 제2선거구
직할시 제1대	이희구	민주자유당	문교사회위원회	북구 제4선거구
직할시 제1대	장순상	민주자유당	부의장(1기)	북구 제5선거구
직할시 제1대	정명환	민주자유당	내무위원회	남구 제5선거구
직할시 제1대	차상윤	민주자유당		남동구 제1선거구
직할시 제1대	최용규	무소속		북구 제2선거구
직할시 제1대	한승안	민주자유당	내무위원회	북구 제3선거구
직할시 제1대	한영환	무소속	문교사회위원회	남구 제6선거구
광역시 제2대	강부일	국민회의	부의장 문교사회의원회(1, 2기)	부평구 제3선거구
광역시 제2대	고남석	국민회의	내무위원회(1, 2기)	연수구 제3선거구
광역시 제2대	김건겸	무소속	내무위원회(1기) 건설위원회(2기)	부평구 제4선거구
광역시 제2대	김성선	신한국당	내무위원회(1기) 건설위원회 위원(2기)	중구 제3선거구
광역시 제2대	김영주	국민회의	문교사회위원회(1, 2기)	동구 제1선거구
광역시 제2대	김춘식	신한국당	부의장(1기) 의장(2기)	남구 제3선거구
광역시 제2대	김학인	신한국당	산업위원회(1기) 건설위원회(2기)	옹진군 제1선거구

광역시 제2대	김형동	신한국당	건설위원회(1기) 산업위원회(2기)	중구 제2선거구
광역시 제2대	박균열	국민회의	건설위원회(1, 2기)	서구 제2선거구
광역시 제2대	박형우	무소속	건설위원회(1, 2기)	계양구 제1선거구
광역시 제2대	송종식	민주당	산업위원회(1, 2기)	비례대표
광역시 제2대	신경철	국민회의	건설위원회(1, 2기)	남동구 제3선거구
광역시 제2대	신맹순	국민회의	산업위원회(2기)	남동구 제2선거구
광역시 제2대	원미정	무소속	건설위원회(1기) 내무위원회(2기)	동구 제2선거구
광역시 제2대	유병호	신한국당	내무위원회(1기) 문교사회위원회(2기)	강화군 제1선거구
광역시 제2대	윤창호	국민회의	산업위원회(1, 2기)	계양구 제2선거구
광역시 제2대	윤태진	국민회의	내무위원회(1기), 산업위원회(2기)	남동구 제1선거구
광역시 제2대	이병화	국민회의	산업위원회(1기)	남구 제1선거구
광역시 제2대	이복식	신한국당	문교사회휘원회(1, 2기)	중구 제1선거구
광역시 제2대	이영호	국민회의	문교사회위원회(1, 2기)	서구 제3선거구
광역시 제2대	이영환	신한국당	문교사회위원회(1, 2기)	비례대표
광역시 제2대	이윤종	신한국당	문교사회위원회(1, 2기)	비례대표
광역시 제2대	이익진	무소속	건설위원회(1, 2기)	계양구 제3선거구
광역시 제2대	임민석	신한국당	산업위원회(1기) 내무위원회(2기)	남구 제4선거구
광역시 제2대	장윤의	신한국당	건설위원회(1기) 산업위원회(2기)	옹진군 제2선거구
광역시 제2대	전태호	신한국당	산업위원회(1, 2기)	강화군 제2선거구
광역시 제2대	정구성	신한국당	건설위원회(1기) 내무위원회(2기)	연수구 제2선거구
광역시 제2대	정명환	신한국당	내무위원회(1기)	남구 제2선거구
광역시 제2대	정유택	신한국당	산업위원회(1, 2기)	연수구 제1선거구
광역시 제2대	정진관	신한국당	내무위원회(1기) 건설위원회(2기)	남동구 제4선거구
광역시 제2대	조창용	국민회의	건설위원회(1기) 내무위원회(2기)	부평구 제1선거구
광역시 제2대	최석환	신한국당	문교사회위원회(1기) 내무위원회(2기)	동구 제3선거구
광역시 제2대	홍미영	국민회의	문교사회위원회(1, 2기)	부평구 제2선거구

광역시 제2대	홍재실	신한국당	내무위원회(1, 2기) 운영위원회(2기)	강화군 제3선거구
광역시 제3대	강부일	새천년 민주당	의장(1기) 문교사회위원회	부평구 제3선거구
광역시 제3대	고남석	새천년 민주당	내무위원회(1기) 문교사회위원회(2기)	연수구 제2선거구
광역시 제3대	김성호	새천년 민주당	내무위원회	옹진군 제1선거구
광역시 제3대	김식길	한나라당		중구 제1선거구
광역시 제3대	김영주	새천년 민주당	문교사회위원회	동구 제1선거구
광역시 제3대	김용구	새천년 민주당	내무위원회 예산결산특별위원회	비례대표
광역시 제3대	김운봉	새천년 민주당	산업위원회 예산결산특별위원회	남동구 제3선거구
광역시 제3대	민우홍	새천년 민주당	산업위원회	서구 제1선거구
광역시 제3대	박균열	새천년 민주당	건설위원회	서구 제2선거구
광역시 제3대	박승숙	한나라당	여성특별위원회 내무위원회	비례대표
광역시 제3대	박창규	한나라당	건설위원회(1, 2기)	남구 제1선거구
광역시 제3대	박형우	새천년 민주당	건설위원회	계양구 제1선거구
광역시 제3대	손석태	새천년 민주당	내무위원회(1, 2기)	부평구 제4선거구
광역시 제3대	송종식	새천년 민주당	산업위원회	부평구 제1선거구
광역시 제3대	신경철	한나라당	내무위원회(1기) 건설위원회(2기)	남동구 제4선거구
광역시 제3대	신맹순	새천년 민주당	건설위원회 여성특별위원회	남동구 제2선거구
광역시 제3대	신영은	한나라당	건설위원회(1, 2기)	남동구 제1선거구
광역시 제3대	심우영	새천년 민주당	산업위원회 의회운영위원회	강화군 제2선거구
광역시 제3대	원미정	새천년 민주당	문교사회위원회(1, 2기)	동구 제2선거구

광역시 제3대	유병호	한나라당	문교사회위원회(1, 2기)	강화군 제1선거구
광역시 제3대	이근호	새천년 민주당	내무위원회(1, 2기)	남구 제2선거구
광역시 제3대	이명우	한나라당	산업위원회(1, 2기)	연수구 제1선거구
광역시 제3대	이복식	새천년 민주당	건설위원회	중구 제2선거구
광역시 제3대	이영환	새천년 민주당	문교사회위원회	남구 제3선거구
광역시 제3대	전병곤	새천년 민주당	산업위원회, 여성특별위원회	계양구 제2선거구
광역시 제3대	조재동	한나라당	문교사회위원회	남구 제4선거구
광역시 제3대	최필승	새천년 민주당	산업위원회 예산결산특별위원회	옹진군 제2선거구
광역시 제3대	한창석	자유 민주연합	문교사회위원회(1, 2기)	비례대표
광역시 제3대	홍미영	새천년 민주당	내무위원회 여성특별위원회	부평구 제2선거구
광역시 제4대	강성봉	한나라당	건설교통위원회	남동구 제3선거구
광역시 제4대	강창규	한나라당	건설교통위원회	비례대표
광역시 제4대	고진섭	한나라당	문교사회위원회	부평구 제2선거구
광역시 제4대	김덕희	한나라당	의회운영위원회	부평구 제4선거구
광역시 제4대	김성숙	한나라당	의회운영위원회	비례대표
광역시 제4대	김을태	한나라당	건설교통위원회	남구 제4선거구
광역시 제4대	김필우	한나라당	산업위원회	옹진군 제2선거구
광역시 제4대	노경수	한나라당	부의장, 산업위원회	중구 제2선거구
광역시 제4대	박승숙	한나라당	의장	남구 제2선거구
광역시 제4대	박용렬	무소속	산업위원회 예산결산특별위원원회	강화군 제2선거구
광역시 제4대	박창규	한나라당	기획행정위원회	남구 제1선거구
광역시 제4대	신경철	한나라당	산업위원회	남동구 제4선거구
광역시 제4대	신영은	한나라당	부의장, 기획행정위원회	남동구 제1선거구
광역시 제4대	안영배	한나라당	문교사회위원	중구 제1선거구

광역시 제4대	이강효	한나라당	의회운영위원회	계양구 제1선거구
광역시 제4대	이근학	한나라당	기획행정위원회	남구 제3선거구
광역시 제4대	이범성	한나라당	산업위원회	부평구 제1선거구
광역시 제4대	이성옥	한나라당	의회운영위원회	연수구 제1선거구
광역시 제4대	이주삼	한나라당	기획행정위원회 예산결산특별위원	계양구 제2선거구
광역시 제4대	이진우	한나라당	건설교통위원회	부평구 제3선거구
광역시 제4대	임희정	열린우리당	의회운영위원회	서구 제1선거구
광역시 제4대	전승기	한나라당	의회운영위원회	강화군 제1선거구
광역시 제4대	최병덕	한나라당	문교사회위원회 예산결산특별위원회	남동구 제2선거구
광역시 제4대	추연어	한나라당	기획행정위원회 의회운영위원회	연수구 제2선거구
광역시 제4대	홍인식	한나라당	문교사회위원회 의회운영위원회	서구 제2선거구
광역시 제4대	황인성	한나라당	건설교통위원회	동구 제1선거구
광역시 제4대	황창배	새천년 민주당	산업위원회 의회운영위원회	비례대표

5) 인천광역시 의회 임원

- 1952. 4. 25 제1대 인천시의회 의원 선거(12개선거구 28명)
  의장 : 이명호, 부의장 : 하상훈
- 1956. 8. 8 제2대 인천시의회 의원 선거(9개선거구 22명)
  의장 : 심덕기, 부의장 : 차태열
- 1960. 12. 19 제3대 인천시의회 의원 선거(9개선거구 22명)
  의장 : 권혁환, 부의장 : 심현구
- 1991. 7. 8 제1대 인천직할시의회 제1기 원구성 및 개원
  (4개 상임위원회)
  의장 : 이기상, 부의장 : 이명복, 장순상
  의회운영위원회 위원장 : 이윤환
  내무위원회 위원장 : 박태화
  문교사회위원회 위원장 : 심상길
  산업건설위원회 위원장 : 박장원
- 1993. 7. 8 제1대 인천직할시의회 제2기 원구성
  의장 : 심상길, 부의장 : 박형칠, 원현철
  의회운영위원회 위원장 : 이기본
  내무위원회 위원장 : 김순배
  문교사회위원회 위원장 : 이희구
  산업위원회 위원장 : 박장원
  건설위원회 위원장 : 박장원

- 1995. 7. 19 제2대 인천광역시의회 제1기 원구성

의장 : 신맹순, 부의장 : 강부일, 김춘식

의회운영위원회 위원장 : 김영주

내무위원회 위원장 : 정명환

문교사회위원회 위원장 : 이영호

산업위원회 위원장 : 김학인

건설위원회 위원장 : 신경철

- 1997. 1. 20 제2대 인천광역시의회 제2기 원구성

의장 : 김춘식, 부의장 : 정명환, 이병화

의회운영위원회 위원장 : 김성선

문교사회위원회 위원장 : 유병호

산업위원회 위원장 : 윤태진

건설위원회 위원장 : 김건겸

내무위원회 위원장 : 최석환

- 1997. 6. 11 상임위 위원장 보궐선거

의회운영위원회 위원장 보궐선거(당선자 : 정유택)

문교사회위원회 위원장 보궐선거(당선자 : 이영환)

산업위원회 위원장 보궐선거(당선자 : 송종식)

건설위원회 위원장 보궐선거(당선자 : 이익진)

- 1998. 4. 17 부의장(정명환, 이병화), 산업위원장(송종식), 건설위원장(이익진) 사임에 따른 재선거(지방자치단체장 입후보등)

부의장 : 정구성, 이영호

산업위원회 위원장 : 장윤의

건설위원회 위원장 : 박규열

- 1998. 7. 9 제3대 인천광역시의회 제1기 원구성

의장 : 강부일, 부의장 : 이복식, 이영환

의회운영위원회 위원장 : 김영주

내무위원회 위원장 : 고남석

문교사회위원회 위원장 : 유병호

산업위원회 위원장 : 장윤의

건설위원회 위원장 : 박규열

- 1998. 10. 24 장윤의 산업위원회 위원장 사망에 따른 산업위원회 위원장 재선거(당선자 : 정유택 의원)
- 1998. 11. 12 장윤의 의원 사망으로 옹진 제2선거구 보궐선거(당선자 : 최필승)
- 2000. 3. 2 정유택 산업위원장 사직에 따른 산업위원장 선거(당선자 : 심우영)
- 2000. 6. 8 시의원 보궐선거(당선자 : 연수제1선거구－이명우, 남동구제1선거구－신영은, 남동구 제4선거구－신경철)
- 2000. 7. 7 제3대 인천광역시의회 제2기 원구성

의장 : 이영환, 부의장 : 김영주, 박승숙

의회운영위원회 위원장 : 원미정

내무위원회 위원장 : 김성호

문교사회위원회 위원장 : 조재동

산업위원회 위원장 : 민우홍

건설위원회 위원장 : 박형우

- 2000. 10. 26 시의원 보궐선거(당선자 : 중구제1선거구 김식길)
- 2002. 7. 11 제4대 인천광역시의회 제1기 원구성

의장 : 신경철, 부 의장 : 박창규, 김성호

의회운영위원회 위원장 : 이범성

내무위원회 위원장 : 송병억

문교사회위원회 위원장 : 안병배

산업위원회 위원장 : 이명우

건설위원회 위원장 : 신영은

- 2003. 8. 25 이명우 산업위원장 사직에 따른 산업위원장 선거(당선자 : 박용렬)
- 2003. 10. 30 시의원 보궐선거(당선자 : 중구 제2선거구－노경수, 동구 제2선거구－최석환, 연수구 제1선거구－이성옥)
- 2004. 6. 5 시의원 보궐선거(당선자 : 남구 제4선거구－김을태, 서구 제1선거구－임희정, 서구 제2선거구－홍인식)
- 2002. 7. 9 제4대 인천광역시의회 제2기 원구성

의장 : 박승숙, 부의장 : 신영은, 노경수

의회운영위원회 위원장 : 김성숙

기획행정위원회 위원장 : 이근학

문교사회위원회 위원장 : 고진섭

산업위원회 위원장 : 김필우

건설위원회 위원장 : 이진우

6) 국회의원 현황

① 제1대 국회의원 총선거(1948.05.10)

선거구명	정당명	성명(한자)	성별	나이
제1선거구	무소속	곽상훈(郭尙勳)	남	51
제2선거구	무소속	조봉암(曺奉岩)	남	50

② 제2대 국회의원 총선거(1950.05.30)

선거구명	정당명	성명(한자)	성별	나이
제1선거구	무소속	이용설(李容卨)	남	55
제2선거구	무소속	곽상훈(郭尙勳)	남	53
제3선거구	무소속	조봉암(曺奉岩)	남	52
제4선거구	무소속	김동성(金東成)	남	61

③ 제3대 국회의원 총선거(1954.05.20)

선거구명	정당명	성명(한자)	성별	나이
제1선거구	무소속	김재곤(金載坤)	남	41
제2선거구	무소속	곽상훈(郭尙勳)	남	57
제3선거구	자유당	표양문(表良文)	남	47

④ 제4대 국회의원 총선거(1958.05.02)

선거구명	정당명	성명(한자)	성별	나이
제1선거구	민주당	김재곤(金載坤)	남	55
제2선거구	민주당	곽상훈(郭尙勳)	남	67
제3선거구	통일당	김 훈(金 勳)	남	48

⑤ 인천의 제5대 민의원 및 참의원 선거결과

• 초대 민의원 선거결과

선거구	당선자	득표수	소 속
갑 구	김재곤	21,955	민 주
을 구	곽상훈	35,594	민 주
병 구	김 훈	24,086	민 주

• 초대 참의원 의원선거 당선자 소속 및 득표수

일부(一部)	당선자	무소속	민주당	자유당
		여운홍	정낙필	신의식
	득표수	439,755	196,310	179,313
이부(二部)	당선자	민주당	무소속	민주당
		김용성	이교선	하상훈
	득표수	170,282	162,734	146,783

• 제6대 국회의원 총선거(1963.11.26)

선거구명	정당명	성명(한자)	성별	나이
제1지역구	민주공화당	유승원(柳承源)	남	42
제2지역구	민정당	김은하(金殷夏)	남	40

• 제7대 국회의원 총선거(1967.06.08)

선거구명	정당명	성명(한자)	성별	나이
제1지역구	신민당	김정열(金正烈)	남	59
제2지역구	신민당	김은하(金殷夏)	남	43

• 제8대 국회의원 총선거(1971.05.25)

선거구명	정당명	성명(한자)	성별	나이
제1지역구	민주공화당	유승원(柳承源)	남	49
제2지역구	신민당	김은하(金殷夏)	남	47
제3지역구	민주공화당	김숙현(金淑鉉)	남	54

• 제9대 국회의원 총선거(1973.02.27)

선거구명	정당명	성명(한자)	성별	나이
제1선거구	민주공화당	유승원(柳承源)	남	51
제1선거구	신민당	김은하(金殷夏)	남	49

• 제10대 국회의원 총선거(1978.12.12)

선거구명	정당명	성명(한자)	성별	나이
제1선거구	민주공화당	유승원(柳承源)	남	57
제1선거구	신민당	김은하(金殷夏)	남	55

• 제11대 국회의원 총선거(1981.03.25)

선거구명	정당명	성명(한자)	성별	나이
제1선거구	민주한국당	김은하(金殷夏)	남	57
제1선거구	민주정의당	맹은재(孟殷在)	남	45
제2선거구	민주한국당	정정훈(鄭貞薰)	남	46
제2선거구	민주정의당	김숙현(金淑鉉)	남	63

• 제12대 국회의원 총선거(1985.02.12)

선거구명	정당명	성명(한자)	성별	나이
남구(인천) 중구(인천)	민정당	심정구(沈晶求)	남	53
남구(인천) 중구(인천)	신민당	명화섭(明華燮)	남	62

• 제13대 국회의원 총선거(1988.04.26)

선거구명	정당명	성명(한자)	성별	나이
중구 · 동구	민정당	서정화(徐廷華)	남	48
남구갑(인천)	민정당	심정구(沈晶求)	남	56
남구을(인천)	민정당	이강희(李康熙)	남	45
남동구	민정당	강우혁(康祐赫)	남	50
북구갑(인천)	민주당	정정훈(鄭貞薰)	남	53
북구을(인천)	민정당	이승윤(李承潤)	남	56
서구(인천)	민정당	조영장(趙榮藏)	남	46

• 제14대 국회의원 총선거(1992.03.24)

선거구명	정당명	성명(한자)	성별	나이
중구 · 동구	민자당	서정화(徐廷華)	남	52
남구갑(인천)	민자당	심정구(沈晶求)	남	60
남구을(인천)	민주당	하근수(河根壽)	남	50
북구갑(인천)	무소속	조진형(趙鎭衡)	남	49
북구을(인천)	민자당	이승윤(李承潤)	남	60
서구(인천)	민자당	조영장(趙榮藏)	남	50

• 제15대 국회의원 총선거(1996.04.11)

선거구명	정당명	성명(한자)	성별	나이
중구 · 동구 · 옹진군	신한국당	서정화(徐廷華)	남	56
남구갑	신한국당	심정구(沈晶求)	남	64
남구을	신한국당	이강희(李康熙)	남	53
연수구	신한국당	서한샘(徐한샘)	남	52
남동구갑	신한국당	이윤성(李允盛)	남	51
남동구을	신한국당	이원복(李源馥)	남	38
부평구갑	신한국당	조진형(趙鎭衡)	남	53
부평구을	신한국당	이재명(李在明)	남	48
계양구 · 강화군갑	국민회의	이기문(李基文)	남	43
계양구 · 강화군을	신한국당	이경재(李敬在)	남	54
서구	국민회의	조철구(趙澈九)	남	58

• 제16대 국회의원 총선거(2000.04.13)

선거구명	정당명	성명(한자)	성별	나이
중구 · 동구 · 옹진군	한나라당	서상섭(徐相燮)	남	49
남구갑	한나라당	민봉기(閔鳳基)	남	63
남구을	한나라당	안영근(安泳根)	남	42
연수구	한나라당	황우여(黃祐呂)	남	52
남동구갑	한나라당	이윤성(李允盛)	남	55
남동구을	민주당	이호웅(李浩雄)	남	50
부평구갑	민주당	박상규(朴尙奎)	남	63
부평구을	민주당	최용규(崔龍圭)	남	44
계양구	민주당	송영길(宋永吉)	남	37
서구 · 강화군갑	민주당	조한천(趙漢天)	남	57
서구 · 강화군을	민주당	박용호(朴容琥)	남	52

• 제17대 국회 국회의원

지역구	의원명	소속정당	위원회
계양구갑	신학용	열린우리당	정무위원회
계양구을	송영길	열린우리당	윤리특별위원회 재정경제위원회
남구갑	유필우	열린우리당	예산결산특별위원회 보건복지위원회
남구을	안영근	열린우리당	국방위원회
남동구갑	이윤성	한나라당	건설교통위원회
남동구을	이호웅	열린우리당	건설교통위원회
부평구갑	문병호	열린우리당	보건복지위원회
부평구을	최용규	열린우리당	예산결산특별위원회 산업자원위원회
서구 · 강화군갑	김교흥	열린우리당	산업자원위원회
서구 · 강화군을	이경재	한나라당	환경노동위원회
연수구	황우여	한나라당	교육위원회
중구 · 동구 · 옹진군	한광원	열린우리당	예산결산특별위원회 미래전략특별위원회 농림해양수산위원회

조휘각(也仁 趙彙珏)———

건국대학교 법학사, 정치학석사, 정치학박사
인천대학교 사회과학대학 교수, 명예교수
국민윤리학과장 겸 행정대학원 사회복지학과장
국가고시연구소장, 제4대 총장임용추천위원회 위원장
한국정치학회 이사, 명예이사
한국정치외교사학회, 효학회 감사
한국국민윤리학회 회장
−2004 한·중·일·싱가포르 인천국제학술회의 대회장
도덕윤리연구실천학회 회장
민주평화통일자문회의 자문위원
인천자원봉사단체협의회 총재
AVA한국자원봉사아카데미 인천교육원 개원
2001 IYV인천지역위원회 공동대표
국립 인천해양관 유치 범시민운동협의회 상임공동대표
서명운동전개−인천시민 260만 명 중 138만 명 서명
인천광역시사 집필위원, 인천광역시의회사 편집·집필위원
인천 서구사 집필위원, 남구지역사회복지대표협의체 위원
동아시아포럼 공동의장

• 저서

『민주주의론』, 삼일서적, 1991.
『근대한국정치론』, 보고사, 1999.
『현대 민주정치의 이해』, 인간사랑, 2000.
『한국정치사상사』, 인간사랑, 2004.
『인천 시민 인천 정치』, 인간사랑, 2006.
『민족과 사상』(공저), 형설출판사, 1989.
『21세기 한민족 통합론』(공저), 인천대 평통연구소, 2000.
『더불어사는 삶을 설계하는 직업윤리』(공저), 인간사랑, 2001.
『전환기시대의 시민교육론』(공저), 비매 한정판, 2002.
『인천광역시사』, 정치편, 인천광역시, 2002.
『인천서구사』, 정치편, 인천광역시 서구, 2003.
『인천광역시의회사』(공편), 인천광역시의회, 2005.

• 논문

근대 한국 민주주의 태동에 관한 연구 외 다수

인천 시민 인천 정치

초판1쇄 / 2006년 1월 20일
지은이 조휘각
펴낸이 여국동
펴낸곳 도서출판 인간사랑
인 쇄 백왕인쇄
제 본 은정제책사

(411−815) 경기도 고양시 일산구 백석동 1178−1
대표전화(031) 901−8144, 907−2003
팩시밀리(031) 905−5815
e-mail / igsr@Yahoo.co.kr

출판등록 1983. 1. 26. 제일−3호

정가 10,000원

ISBN 89−7418−190−8 93340